丛书编委会

大家精要

加缪

丁大同 著

Camus

陕西师范大学出版总社

图书代号 SK17N0221

图书在版编目(CIP)数据

加缪/丁大同著. —西安：陕西师范大学出版总社
有限公司, 2017.5（2024.1重印）
　（大家精要）
　ISBN 978-7-5613-9055-9

　Ⅰ.①加…　Ⅱ.①丁…　Ⅲ.①加缪（Camus, Albert
1913—1960）—传记　Ⅳ.①K835.655.6

中国版本图书馆CIP数据核字（2017）第089901号

加　缪　JIAMIU

丁大同　著

责任编辑	宋媛媛	
责任校对	陈柳冬雪	
封面设计	张潇伊	
出版发行	陕西师范大学出版总社	
	（西安市长安南路199号　邮编710062）	
网　　址	http://www.snupg.com	
印　　制	永清县晔盛亚胶印有限公司	
开　　本	650 mm×930 mm　1/16	
印　　张	10	
字　　数	100千	
版　　次	2017年5月第1版	
印　　次	2024年1月第2次印刷	
书　　号	ISBN 978-7-5613-9055-9	
定　　价	45.00元	

读者购书、书店添货或发现印刷装订问题，请与本公司销售部联系、调换。

电话：（029）85303879　传真：（029）85307864　85303629

目　录

第 1 章

贫民区的孩子

世界不是我的敌人。

贫穷对我来说从不是一种痛苦。

——加缪

一、贫民家庭

父亲和母亲

1913 年 11 月 7 日凌晨两点，阿尔贝·加缪出生于阿尔及利亚的君士坦丁省博纳（今阿纳西）南几公里一个名叫"宪兵帽"的葡萄种植园蒙多维。

早在一百多年前，他的曾祖父母克洛德·加缪和玛丽-苔莱丝·加缪以及曾外祖父母米盖尔和玛格丽塔·山德斯-索特洛，就已经分别从法国和西班牙到了阿尔及利亚定居，到加缪已经是第四代。

从 1913 年出生到 1940 年远赴法国谋生，加缪在阿尔及利亚生活了二十七年。他的生命之根，扎在北非的土地上。从他写的许多文字里，如《蒂巴萨的婚礼》《阿尔及尔之夏》《第一个人》，都能读出加缪对自己家乡的热爱与依恋之情。在这里，有他深爱的母亲、舅舅、哥哥、侄女，以及妻子弗朗西纳的全家人。他们代表着家乡的全部真实含义，使加缪与阿尔及利亚血脉相连。

父亲吕西安·加缪受雇于阿尔及尔的富有酒商利科姆，在种植园里干活。在加缪出生十个月时，父亲在1914年第一次世界大战的马恩河之役中负伤身亡，这使加缪"从来没有与那位素不相识的父亲哪怕是从理论上接近过"。

在加缪的自传体小说《第一个人》中，透过小雅克的生活，可以寻找到加缪父亲的影子。故事先从第一次世界大战前主人公的父亲到当时法属殖民地阿尔及利亚的某个地方垦荒着笔，在第二章又回到现时。在法国的主人公准备到他当年出生的地方去"寻根"。因为他还没出世，父亲就在战场上阵亡了。

加缪对父亲的事情所知不多，只记得母亲讲给他听的几件小事：父亲有一次去看处决死刑犯，回来后恶心得呕吐不止；又有一次他的父亲出外执行任务，发现自己军营的同伴死在一块大石头后面，裤裆多了一个洞，少了一件东西，原来被人割掉了睾丸。

对加缪成长影响较大的人是母亲和外祖母，特别是他的母亲。加缪在《第一个人》手稿的开头写下了"献给永远不可能读这本书的你"。也就是说，这是一本献给母亲、为了纪念母亲而写的书。在书中，加缪回忆了他的母亲和外祖母，她们都是对小说的主人公雅克的成长有着巨大影响的亲人。

加缪的母亲卡特琳娜，在辛代一家的九个孩子中排行第二。在加缪的笔下，卡特琳娜十分懦弱，但她深爱着自己的孩子。在她的身上透露出对雅克的温和的爱，有着无限温柔，但很少表露出来，多数时候都只是默默地以慈爱的赞许的目光注视着儿子；同时，母亲又十分的懦弱，缺乏主见，加上自身听力上的残疾和收入的不稳定，在家中没有发言权，凡事全凭外祖母做主。

父亲去世后，母亲以打零工、洗衣服为业，养活他和弟弟，生活极为艰难。后来，母亲带他们回到贫民区贝科勒外祖母家。

在加缪的另一本书《贫民区之声》中，加缪写道，外祖母专横、粗鲁，对孩子非常严厉。她用牛筋鞭子来教育孩子。当她抽打太狠时，温柔的母亲却不知道怎么保护孩子，只能眼睁睁地看着孩子们被打，只是说："别打头，因为他们还是小孩。"卡特琳娜·加缪深爱他们，她爱着每个孩子，但从不曾在他们面前流露出来。

当有客人来时，外祖母当着孩子母亲的面问孩子："你喜欢你妈还是外婆？"孩子被迫答道："外婆。"此时此刻，他在"内心感到对这位总是默不作声的母亲怀着一股巨大的爱的激情"。

当有人问他的母亲在想什么时，她答道："什么也不想。""她的生活，她的利益，她的孩子就在眼前，这是很自然的，以至她毫无感觉。"

在早期文章结集《反面与正面》中的《是与非之间》一文里，加缪说过对母亲的感情：有一天晚上，她病了，她儿子照看她，两人感到他们在"孤零零地对付着所有的人"。对于这种母与子的关系，加缪写道："在这两人之间似乎存在着使死亡具有深刻意义的感情，而并非那种人们通常误认为是爱的温情、激情和对过去的回忆，这正是造成这种激情的深刻意义的东西，这种依恋是如此强烈，任何沉默都无法切断它。"

专制的外婆和聋哑的舅舅

在加缪的眼里，家是"一个贫穷、肮脏、令人厌恶的地方"，在那里，"苦难代替了团结"。

加缪的外婆十分专制，总是逼着成为寡妇的母亲找工作，害怕自己的女儿带着孩子回来白吃白喝。在《第一个人》中，描写了外婆怎样和他的哑巴舅舅一起扼杀了母亲仅有的一段爱情，从而扼杀了母亲在这个世界上的最后希望，变得麻木，变得"整天待在窗边，望着外面的世界"。

描写了外婆怎样强迫他睡午觉，在第一部的《孩子的游戏》这一节中，有这样一个场景：雅克"在床上，在墙与外祖母之间留给他的狭小空间里辗转反侧。他也想活下去，在他看来，午睡剥夺了生活和游戏的时间。伙伴们肯定在普雷沃斯特·巴拉多尔街等着他。沿街是一些小花园，夜晚刚浇过水，散发出湿润的气息和忍冬的芬芳。"孩子们大多是不喜欢午睡的，窗外的鸟叫蝉鸣不断地撩拨着躁动不安的心。大人们看着的时候，就一动不动地装睡，实际上心却在外面。

描写了外婆怎样因为踢足球磨破了鞋底而用鞭子抽他，怎样让他在打短工时撒谎，当老板正需要的时候，告诉老板自己要开学了，让老板干瞪眼，而她自己又不去说，为难他这个把诚实看作一种美德的孩子。还描写了外婆怎样参加他的颁奖典礼为他自豪，又在看电影的时候不识字，非让本来认字不多的孙儿给老太婆大声念，因为她看不懂故事情节，所以惹得后座不耐烦，出尽了洋相。

因此，在雅克眼中，外祖母独断、专横，他对外祖母的感情中惧怕的成分大于爱的成分。直到后来，雅克看到外祖母为了两法郎去掏粪坑时（实际上那钱是被雅克私自克扣下了，他骗外祖母说掉到了粪坑里），他才隐隐约约地感觉到外祖母一个人撑起这个收入微薄的家的艰辛与不易。

在加缪的另一本书《贫民区之声》中，外祖母专横、粗鲁。她"用马鞭来教育孩子"。

在《第一个人》中，加缪讲了他的舅舅，尽管天生残疾，却很乐观，很有女人缘，而且力气很大。在第一部的《艾蒂安》这一节，雅克在舅舅工作的制桶厂玩耍时发生了意外：舅舅在制木桶厂的"工作流程"让他很感兴趣，但有一次休息的时候，雅克呆呆地像小鸟栖树一样蹲在长凳上，可他的鞋底很湿，突然，他脚下一滑，长凳顿时往后翻倒在地上，他重重地跌了下来，右手卡在凳子下面。他的手立即感到一阵剧痛，但他一骨碌爬起来，冲着围上来的工人们笑笑。可身旁的亲人就不那么轻松了——"可没等他收起笑容，欧内斯特（舅舅）就扑了过来，一把抱起他，冲出工厂，跑得上气不接下气，结结巴巴地喊道：'去找医生，去找医生。'这时雅克才注意到自己的右手中指的指尖完全碾碎了，像个脏乎乎的小面团，鲜血不住地往下滴，他心头一惊，晕厥过去。"舅舅还带着他打猎，出发前把猎枪筒擦得油光锃亮，让他像出发后的猎犬一样兴奋莫名，围着亲爱的舅舅团团转。

但是，在加缪的另一本书《贫民区之声》中，箍桶匠舅舅是另一个样子，他"又聋又哑，可恶而愚蠢"。他曾竭力阻挠加缪妈妈为寻找生活的依托，同一位饱经生活磨难的男子相爱。

加缪的童年生活，在《第一个人》中也有所透露。男孩子总会有长大与平等的感觉。《第一个人》中的雅克是通过自身反抗意识的觉醒，从外祖母手中夺得了这一平等权利的。在第二部《周四与假期》这一节中有这样的描写："如果说在这之前他都是耐心地承受外祖母的责打，以为那是孩提时代的生活中无法逃避的一个部分，那么直到有一天，由于她那双清澈而又冷漠的眼睛使得他怒火中烧，难以自控，他突然发疯般地夺下她手中的牛皮鞭子，痛下决心要打击一下这个愚蠢的头脑时，外祖母就已经明白了，她退却下来。"

在那个夏天，雅克的打工生活促成了他从一个男孩到真正的男子汉的转变。加缪写道："在这个瘦而有力，头发蓬乱，目光桀骜不驯的少年身上，从前的那个孩子实际已经死了，他整个夏天都在为给家里挣一份工资而奔波操劳。"

二、走进学校

小学老师日尔曼

1918 年，加缪进入培尔克公立小学就读。对加缪童年生活影响最大的，是他最敬爱的小学老师路易·日尔曼。

日尔曼看到小加缪天资聪明，就要他在课余学习更多的知识。由于小加缪是烈士家属，他的父辈是对法兰西共和国有贡献的人，因而对他这个遗孤有一种特别的关爱。不过，要是加缪犯了错，他也会一视同仁，照样用恨铁不成钢的戒尺施行体罚。

在日尔曼老师的帮助指导下，小加缪爱上了读书。在童年时期，除了日尔曼老师之外，还有一个对加缪的成长产生过重大影响的人，这就是他的姨父古斯塔夫·阿柯。阿柯是个肉铺老板，但他爱读书，十分崇拜法国文艺复兴时期的巨匠伏尔泰。每天他都去复兴咖啡馆打牌聊天。喜欢和他打牌、聊天的是阿尔及尔科学院院长塔亚。加缪发病时，姨父就把他接到自己家里养病。后来，加缪在《是与非之间》的草稿中写道：在阿柯家里，他发现了同穷人家庭之间的"根本不同之处"。这位姨父很爱颇具天赋的小加缪，有时还特意为外甥选购书籍。

1923 年，读完小学后，外祖母要小加缪去做工，赚钱贴补家用。当小学老师日尔曼知道小加缪因交不上学费面临辍学时，就亲自登门拜访，说服了外婆和母亲。他推荐小加缪去参加阿尔及尔公立中学（后来这所中学改名为"阿尔贝·加缪中学"）奖学金会考。在进场前，日尔曼老师还掏出自己的钱为几个学生买来油饼，反复交代要看清楚考题。加缪后来回忆道，"'别慌，'老师反复叮咛，'要看清题目要求和作文题，多读几遍。你们有足够的时间。'"在老师的鼓励和帮助下，小加缪考取了中学奖学金，得以继续完成学业，为日后进入大学深造以及从事创作奠定了基础。

如果不是这位老师帮助小加缪争得读书的权利，加缪是不会取得日后成就的。加缪对他的小学老师一生都充满着感激之情。

加缪在 1957 年 11 月 19 日得到获诺贝尔文学奖的消息后，立即给他的这位师长写信，报告了这一令人喜悦的消息。

14 岁那年，小加缪酷爱踢足球，参加了蒙邦西耶体育协会。后来，加缪在阿尔及尔大学俱乐部青年队当上了足球守门员。在《鼠疫》中，他谈起足球来完全是个行家。

阿尔及尔大学

1931 年起，加缪以半工半读的方式在阿尔及尔大学攻读哲学。在西方哲学家中，加缪最喜爱古罗马哲学家、新柏拉图主义创始人普罗提诺的哲学。他的大学毕业论文探讨了这位哲学家的思想。

后来，在1934年到1936年期间，加缪更加深入地研究了普罗提诺的哲学。在著名的《阿尔及尔之夏》一文中他引述了这位《九章集》作者的一些哲学思想，在大地、海洋、阿尔及尔的太阳中，他发现了"灵魂的所在"，甚至"太一"。普罗提诺经常引用表示热、气味、光和流水等的隐喻。

在大学求学期间，加缪就产生了当作家的想法。后来，加缪向朋友谈及自己的求学生活时说："17岁时，我产生了当作家的想法，同时，我模糊地觉得自己会成为作家的。"

就在这一时期，加缪开始走上文学创作的道路。署名"加缪"的作品最早发表于1932年。当时，他说："我周围没有一个人识字。"1932年，加缪在《南方》杂志上发表了四篇文章。这本月刊得到了让·格勒尼埃的赞助，负责人是加缪的老同学。在这四篇文章中，有两篇是评论诗人的，第三篇《当代哲学家》是研究柏格森的，还有一篇是《论音乐》。

这一时期加缪崇拜的人是纪德和尼采。特别是尼采，对加缪的影响是巨大的。加缪对尼采怀有深情，他用尼采的思想风格谈论厌倦。1932年加缪发表的总标题为《直觉》的一组文章，每一篇文章都是两人或三人之间进行的哲学对话，用以探讨事物的"正面与反面"。加缪终生都保持着对尼采的敬爱。1954年，加缪去都灵，他想到尼采就是在这个城市里发了疯，便倒在友人奥维贝克怀中痛哭流涕。据说，当年尼采看到车夫鞭打一匹老马时，便跑上前去抱住被鞭打的马的颈脖，泪流满面。

1933年4月，加缪发表了《读书笔记》，谈论了司汤达、埃斯库罗斯、纪德、舍斯托夫、让·格勒尼埃等作家。

1934 年，加缪通过了心理学和古典文学两门考试。翌年，获哲学类文学学士学位。

1936 年，加缪进行高等教育毕业论文答辩，题目是《基督教形而上学和新柏拉图主义》，论述古罗马哲学家、新柏拉图主义创始人普罗提诺和罗马基督教哲学家圣·奥古斯丁。获得"良"的评语，取得了哲学"高等教育文凭"。

不过，在这一时期加缪的身体出了毛病。加缪多次提到一场大病后折磨了他一生的疾病。1931 年，在他 17 岁考进阿尔及尔大学哲学班后，他开始咳血。莫达法医院诊断的结果是他得了右肺干酪样结核。在当时，这是一种不治之症。这对于酷爱生活的加缪来说，影响巨大。一个人被莫名其妙地剥夺生命，成了荒诞的最初表现之一。一个年轻人从不曾琢磨过死亡或虚空的意义，然而，却一下子尝到了它带来的可怖滋味。在《婚礼》的"捷米拉之风"中，加缪写道："在这方面，没有比疾病更可鄙的东西了。这是对付死亡的良药，它为死亡做着准备。它创造了一种见习过程，在这种见习的初级阶段要学会自悯自怜。它支持着人为摆脱必死无疑的命运做出不懈的努力。"

哲学老师让·格勒尼埃

在阿尔及尔大学哲学班的学习生活，使加缪迅速成长起来。后来成为作家的哲学教师让·格勒尼埃注意到了加缪。他让加缪读安德烈·里肖的《痛苦》，加缪写道："我从不曾忘记那本美妙的书，这是第一本同我谈起我所熟悉的事情的书：一位母亲，贫穷，美丽的天空。像往常那样，我通宵读完了它。天亮时，我产生了一种崭新的奇特的自由感……"

让·格勒尼埃给加缪和他的同学们讲授关于地中海的课程，使加缪发现了地中海精神。他还把法国诗人马克·雅各布介绍给加缪，并使他们之间建立起了通信联系。加缪知道，这种联系对他的成长完全是有益的。

在加缪检查出患上肺病后，他给让·格勒尼埃写了一封信："一个年轻人不可能完全自暴自弃。各种各样的厌倦情绪并不会使他丧失自身拥有的不断振作起来的力量。长期以来，我一直对自己的生命力全然不知。这也许让您惊讶，但我并无自鸣得意的意思。我觉得我具有抵抗力、毅力和意志。除此之外，还有如此美好的良辰和亲切的友人。因此，您不必过分为我担心。确实，我身体状况还不佳，但是，我有康复的愿望。"

加缪十分尊重他的哲学老师，这种尊重可从加缪为让·格勒尼埃1959年再版的《岛》所作的序言中看出。加缪说："说到底，导师在自己学生离他而去并体现出与自己的差异时会高兴的，而他的学生将会永远怀念这段时光，那时候学生接受了一切，明知自己无力偿还任何东西。"从这里可以感受到加缪对老师溢于言表的感激之情。

在加缪一生的各个时期，当他面临各种难题时，都要写信向这位老师请教，倾听他对问题的看法，征求他的意见和建议，然后再采取行动。加缪和让·格勒尼埃之间的通信，后来由玛格丽特·多布雷结集出版。

三、反法西斯主义战士

加入共产党与脱党

1934年到1936年，这个时期对于加缪来说是人生的低谷。

他迫于生计，想方设法克服物质生活的困难。他写了《婚礼》等小说，对自己从事文学创作更有信心了，并把希望寄托在自己"真正的生活机遇"上。由于身体的健康状况不佳，加缪放弃了去西梯·贝勒-阿贝斯学院教书的机会。

从 1937 年 12 月到 1938 年 10 月，气象和地球物理学院让·古隆教授雇用加缪任职员，为了维持日常生活，加缪在学院里从事雨量、气温和气压的统计工作。

在这段时期，加缪过得紧张而愉快。他参观游览了拉道斯卡纳，同友人罗伯尔和玛特兰·约索一起露营。还经常和同伴们一起去游古城蒂巴萨。制图家、画家和飞机驾驶员玛丽·维东租了一架阿尔及尔航空俱乐部的小飞机，把加缪送到捷米拉。后来加缪在《幸福的死亡》中写道："只有飞机使人产生一种比在汽车里更敏感的孤独。"

1934 年，加缪开始信仰共产主义，让·格勒尼埃建议他入党。年底，加缪加入了法国共产党的阿尔及尔支部。对于加入法国共产党的原因，加缪在 1935 年 8 月 21 日写给让·格勒尼埃的信中说："曾使我久久下不了决心，至今仍使许多有思想的人下不了决心加入共产党的原因，是共产主义缺乏宗教意识。在马克思主义者身上，有一种欲望，即要建设人们得到自我满足的道德。这使人感到'无神论和强制'的味道太浓……也许我们可以把共产主义理解为从事更深层次的精神活动所作的一种准备，一种为铺平道路而作的苦修。总之，是一种逃避假理想主义、逃避强制的乐观主义的意愿，为的是建立起一种人能够恢复自身永存意义的境况。"在这篇内心思想表达中，人们看到的不是加缪成熟的政治意识，而是浪漫主义和理想主义的道德意识。

加缪所在的支部被人叫作"知识分子支部"，同一支部还有画家莫里斯·吉罗、让娜·西加等人。在共产党巴黎总部的倡议下，建立起阿尔及尔文化馆的组织，加缪被任命为这个文化馆的总书记。在他的努力下，文化馆为成立剧团提供了首批资金，为此这个剧团被命名为"劳动剧团"。

在加缪的主持下，文化馆出版过一份简报，加缪给它取名叫《年轻的地中海》。1937年2月8日，加缪发表了一篇讲话，作为发刊辞刊登在这份简报的第一期上。在这篇知识性讲话中，他将文化馆的开放视为弘扬地中海文化的阵地。

不久以后，加缪对共产党的理论大感失望。特别是对法国共产党制定的阿尔及利亚政策持有异议，法共对反殖民主义活动采取压制的立场，引起了加缪的强烈不满。1937年7月，加缪脱离法国共产党。对于这次事件，加缪在1951年9月写给让·格勒尼埃的信中加以解释道："让我告诉您我是怎样脱党的……他们要我负责吸收阿拉伯积极分子，并让他们加入一个民族主义组织（北非之星，即后来的阿尔及利亚人民党），我按照指示去做了，这些阿拉伯积极分子成了我的同志，我很赞赏他们的模范行为和忠心耿耿。1936年是发生巨大转折的一年。这些积极分子纷纷被捕入狱，他们的组织被分化瓦解了，这一切都得到了共产党的认可和支持。有几个积极分子幸免被捕，他们责问我是否对这种无耻行径听之任之而无所表示。那个下午的谈话深深地印在我的脑海中，我至今仍记得他们说话时我在颤抖，我无地自容；接着，我做自己应做的事。"

组建剧团

加缪一生都酷爱戏剧，戏剧在他的思想和创作中占有重要地位，是他表达其思想的艺术媒介。从1934年起，他就开始从事戏剧活动，先后创办过剧团，改编过剧本，亲自动手写剧本，还当过演员，也当过戏剧导演。他对戏剧的喜爱，可从他在 1938 年 6 月写给哲学老师让·格勒尼埃的信中感受到。在信中，加缪说："我想当一名职业演员。"

1934 年到 1936 年，为了多挣一点钱，加缪参加了"阿尔及尔广播剧团"。这个剧团经常在城里和乡间作巡回演出。在剧团里，加缪扮演小生。一位有经验的喜剧演员马克·依莱教加缪如何在背台词时换气和迈步。

加缪任阿尔及尔文化馆总书记时创建的"劳动剧团"，抱有一个明确的政治主张："意识到一切大众文学所特有的艺术价值，并要证明艺术有可能走出象牙塔。因为从某种意义讲，美感同人不可分割。"剧团的演员都是业余的，演出收入都用于资助"国际工人救援"组织。剧团的演出活动不是特别多，加缪回忆说，干三个月活儿，彩排两个月，然后演出两次。

劳动剧团演出的第一个剧目是根据马尔罗的小说《可鄙的年代》改编的，加缪是编剧。这部作品发表于 1935 年，在法国是第一个谈论纳粹主义和它的恐怖活动的文学作品。同年 7 月，马尔罗来到阿尔及尔发表演说，抨击法西斯的倒行逆施。1936 年 1 月 25 日，《阿尔及尔回声报》刊登了一条消息：

"今晚 9 点 15 分，在巴布-埃尔-乌埃的巴多瓦尼大厅，劳动剧团开始公演。剧目：根据马尔罗《可鄙的年代》改编，优待失业人员，门票：4 法郎。领救济金的失业者一律免费入场。"

当晚，观众来了两千人。在剧中庆祝解放的一幕中，观众群情激昂，和演员融为一体，唱起了国际歌。

劳动剧团上演的第二个剧目是《阿斯杜里的暴动》，剧名最初叫《雪》，后来又改名为《短暂的生命》，最后由大学教授雅克·厄贡改为《阿斯杜里的暴动》。共四幕，完全由他们自编、自导、自演。加缪是四个编剧之一。这几个编剧在位于阿尔及尔山丘上一座名叫费希的房子里集体创作。除了剧中的电台简报和审讯一场由他人写出之外，其他都是加缪执笔。剧情所要提示的是："人所特有的某种伟大的形式：荒谬。"不过，后来当此剧要在复活节前上演时，阿尔及尔市市长宣布禁演此剧。理由是：在大选时期，这个剧的主题太危险。

1937 年，劳动剧团演出了古特利纳的《330 条款》。这出短剧说的是轻罪法庭对拉·布里热进行审判的事。在剧中，加缪扮演了拉·布里热。1937 年 3 月 24 日，加缪又演了普希金的《唐璜》。在代奥道·德旁维《克林古瓦》剧中，加缪扮演了"傻子"这个角色，还上了剧照。在很长一段时间内，这个剧在他们的专区巡回演出中长演不衰。

劳动剧团采取隐名方式，节目单上不登演员的姓名。

1937 年 7 月，加缪脱离共产党后，在文化馆的工作发生变化，导致劳动剧团解体。从 10 月开始，加缪和友人一起在阿尔及尔组建"队剧团"。队剧团与以宣传革命戏剧为主的劳动剧团相比，宗旨完全不同。队剧团"为年轻的戏剧而努力，要求剧作具有真实性和简洁性……戏剧将转向热爱生活同生活的绝望相交融的时代"。加缪领导的队剧团仍然采用隐名方式、节目单上不登演员姓名这一规定。同样，剧作者的姓名也不为人所知。

在阿尔及尔，队剧团社址仍设在城市高地上的费希之屋，加缪把它称作"面对世界之屋"。在费希之屋里住着一些年轻姑娘。

1938 年 5 月，队剧团在 P. 波尔德剧场认真排练经科博改编的陀思妥耶夫斯基的《卡拉马佐夫》一剧。加缪扮演了卡拉马佐夫这个重要角色。

早先，加缪参与和亲自担任劳动剧团的编剧，先后编写了《阿斯杜里的暴动》，改编了《对十字架的虔诚》。后来，在队剧团中也是如此。在队剧团的演出计划中，还有《奥赛罗》。这是由加缪亲自翻译的。他认为，莎士比亚作品的译者们从不考虑根据演员、台词的语调、情节和动作的需要来翻译作品，所以需要重新翻译。话剧正排练时战争爆发了。加缪无奈地说："这是另一场喜剧。"于是，剧团便解散了。

加缪终其一生热爱戏剧，对于不同性质的戏剧，他都有自己的理解。在 1958 年的采访中，加缪谈到自己的戏剧理论。他说："我喜欢悲剧而不喜欢情节剧，赞成完全地参与而不是持评论的态度。我欣赏莎士比亚和西班牙戏剧。对布莱希特不感兴趣。"在加缪的一生中，改编过许多剧本，并将它们搬上舞台。他自己写作的多个剧本中，最著名的有《误会》《卡利古拉》《戒严》和《正义者》等。

初出茅庐的记者

1938 年 9 月，加缪被刚刚创办的《阿尔及尔共和报》聘为记者，在报上开了一个名叫"阅览室"的专栏。这位未来的小说家在自己的文学专栏里，以非凡的自信评点巴黎市面上那些新小说，包括法国著名作家、1947 年诺贝尔文学奖获得者安德烈·纪德的《伪币制造者》，法国左翼小说家、反法西斯运动战士尼赞的小说《阴谋》，意大利小说家、剧作家、反法西斯运动战士西罗内的《面包与酒》，赫胥黎的《那些贫瘠的落叶》，巴西当代多产作家若热·亚马多的《巴伊亚州》以及萨特的《恶心》和《墙》。

加缪对萨特《恶心》的评论严苛而别具慧眼。他通晓巴黎的人情世故，与萨特旗鼓相当，深深认同他的目标并给予勉励。

　　《恶心》发表于1938年，那时萨特已形成了他的存在主义哲学的基本观点。《恶心》讲述了安托尼·洛根丁安静的日常生活的崩溃。主人公洛根丁住在一个北部港口城市，埋头写一位革命时期的侯爵的传记。当体验到乏味生活中自然隐藏的荒谬时，洛根丁感到恶心，而当他的生活在他身边渐渐倒塌的时候，那种荒谬的真理就更尖锐地显现出来。这是一种令人目眩的思想体验，包含着许多不可思议的特征和描述。在小说中，萨特以极其高明的冷嘲手笔讽刺了种种毫无意义的虚伪的存在。什么是"恶心"？它是清醒的主人公安托尼·洛根丁对世界的偶然性与不可知性的一种不适感。萨特在为小说第一版"请予刊登"中写道："一切感觉都悄悄发生了变化，这就是恶心。他从后面抓住你，然后让你在时间的温暾潮水里漂浮。是洛根丁变了？还是世界变了？墙壁、花园、咖啡馆都被恶心抓住了。"存在主义者萨特认为，人对存在本身的无意义的恶心，也就是对人之生存的偶然性和无深刻理由的恶心，是对荒诞现实的恶心。

　　加缪坚信，萨特打破了他的小说理论及小说生命之间的平衡。结果，作者"卓越的天赋和那最清醒、最冷峻的精神活动被表现得既慷慨又过分"。慷慨，是指孤立看这本书的每一章，"在悲苦和真实方面都达到了某种完美的境地"。布维耶（法国北部的小港口）的日常生活"被老练地勾画了出来，冷静得令希望没有存身之地"。萨特对时间的每一种思索，都成功地解释了从克尔凯郭尔到海德格尔的哲学思想。他所说的过分，是指小说描述性和哲学性的方面"没有合成为一部艺术作品：段落切换过快，动机过于晦涩，从而无法引发读者内心深处的信服，使小说成为艺术"。

接着，加缪肯定了萨特对荒谬的刻画，这是一种当强加于存在之上的日常组织在洛根丁生活中瓦解时产生的苦闷感，以及随之而来的恶心。萨特灵活自如地驾驭的这样一个古怪的话题，让人想起了卡夫卡。但是，"某种难以名状的障碍阻止读者参与进来，让他在认同的门槛之前却步"。借此，加缪不仅发现了小说在思想和形象之间的失衡，而且指出了萨特的消极性。萨特淋漓尽致地刻画了人类令人作呕的特征，"却没有把他绝望的理由建立在人类某些伟大的征象上"。最后，洛根丁觉得艺术之于生活实在是"微不足道"，便试图在艺术中找寻希望——这个结尾的"喜剧性的"缺欠也让加缪迷惑不已。

过了不到六个月的时间，萨特的第二本书《墙》就令加缪五体投地。《墙》是萨特最著名的短篇小说之一，描述了西班牙内战中三个被敌人判处枪决的国际纵队队员在一夜等待中的表现。其中一个已吓得神经错乱，另一个勉强支撑，而主人公"我"的心情很复杂：既讨厌战友的种种异常，又难以排解心中的忧郁。在倒计时的生命中，他通过断断续续的回忆才真正体会到生命的弥足珍贵，为自己往日恣意挥霍青春和自以为可以永垂不朽而后悔不已。1939年2月，加缪在评论萨特小说集《墙》的时候，热情洋溢地赞美作者的清醒，对存在的荒谬的形象再现，以及刻画的拥有自由却于己无用的人物。那些人物被自己的自由所压倒，在和生活磕磕碰碰的时候无法战胜荒谬。这引起人"无拘无束，毫无原则，没有阿里阿德涅的线团（希腊神话英雄忒修斯闯入迷宫去杀牛首人身怪物米诺陀，手中握有阿里阿德涅交给他的线团的一头，等到杀死米诺陀后，再沿原路返回），因为他们不能行动"。加缪说："萨特小说的非凡意义及其深刻的技巧即源于此。"读者不知道人物下一步将有何行动，作者的"艺术在于细节之中，他通过细节描述他的可笑人物的乏味的活动"。

加缪承认故事令他难以释怀，它们给予读者"那种把人物引向终点的高超的、可笑的自由"。这是一种无用的自由，它"在那些篇幅里解释了那种经常势不可挡的情感冲击及其残酷的哀婉动人"。承认萨特描述了一个荒谬的人类处境，但他拒绝在它面前退缩。正是在这一点上，哲学和人物形象达到了平衡。

主编《战斗报》

1940 年，比阿在巴黎的《巴黎晚报》编辑部找到一份秘书的工作，他设法让报馆雇用了他的朋友加缪。1940 年 3 月 28 日，加缪到达巴黎。最初，他住在蒙玛特高地拉维尼亚街十六号布瓦利耶旅馆里。从蒙玛特高地的山坡上望去，巴黎像是"雨下的一团巨大雾气，大地上鼓起的不成形的灰包"。白天他在《巴黎晚报》当编辑部秘书，负责第四版的排版工作。晚上，他就写小说。在为《巴黎晚报》工作的同时，加缪还在巴黎的大出版社伽利玛出版社做编辑，主编一套名为《希望》的丛书。

加缪很早就投身于法国的抵抗运动。开始时，他从事秘密的地下活动。1943 年，加缪和比阿一起创建了地下报纸、政治文化刊物《战斗报》。3 月，比阿任社长，加缪任总编辑。加缪写了大量社论，《战斗报》发行量最高时攀升到十八万份。同年，《战斗报》编辑部从里昂迁到巴黎。当时，加缪化名为博香，协助比阿和他的同事们工作。后来，比阿当了抵抗运动全国委员会候补委员，加缪便接替了他的工作。

自盟军登陆起，出版地下报纸《战斗报》的全体成员就在为解放时公开发行日报做准备工作了。加缪为报纸取了副题："从抵抗运动到革命"。1944年8月19日，巴黎发动起义。《战斗报》成员占领了雷奥谬街一百号《不屈者报》旧楼，占领时期，德国人曾在这里出版《巴黎报》。21日，抵抗运动最著名日报《战斗报》在巴黎出版上市。一些有名望的人士在这份报纸上发表署名文章，萨特、波伏瓦、马尔罗、纪德等，吸引了大批知识分了读者。

当时，简陋的编辑部设在工厂厂房里，加缪每天都要在编辑部度过数小时。后来，1959年电视台采访他时，加缪说，当我在干新闻时，我更喜欢在印刷车间的大理石上排版，而不是写那些称之为社论的说教文章。当加缪去世后，对他表示最美好敬意的一件事是：当年的校对员和排字工写了一本纪念他的小册子——《献给阿尔贝·加缪，他的读书之友》。

当时，加缪组织了一些知名人士通过撰写反纳粹的文章来参加抵抗运动，鼓舞人们反对德国纳粹法西斯主义的斗志。

在反法西斯主义斗争中，加缪自己也写了大量进步文章。有的刊登在《战斗报》上，有的则刊登在南方解放抵抗运动领导的《解放》杂志上，他的化名是路易·纳维尔。有些文章则是供抵抗运动出版物使用的，如著名的《致一位德国友人的信》。这封信写的是捍卫欧洲理想，反对纳粹宣传机构每天喋喋不休大肆鼓吹的那种欧洲观念。就在此时，加缪意识到了"抗争"这一观念的重要性，认识到对邪恶的反抗是所有秉持正义的人们的社会责任。他从塞纳古尔的自传体小说《奥贝尔曼》中发现了这句话："人都是要死的。不错，但让我们在抗争中死去；倘若等待我们的是虚无，也别让这变为理所当然。"

为此在 1939 年战争初期，鉴于法国的新闻检查和新闻管制，加缪又以完全不同的口气写了一封《致一位英国年轻人的信——关于法兰西民族精神面目》；同期，在加缪的《记事》中还发现了有一封题名《致绝望者》的长信。这些文章中已包含了《鼠疫》和《反抗者》的全部精神，后来收入加缪的《时文集》Ⅰ（1950）中。

加缪从不回避任何战斗，他反对歧视北非穆斯林，后来又向西班牙流放者、斯大林的受害者、青年叛逆者、为理想拒服兵役者伸出援助之手，并成了他们的朋友。后来，瑞典文学院在向他颁发诺贝尔文学奖时，说他是反专制作家中最投入的一位。

加缪通过手中的笔唤起的抵抗精神，给他带来了光环，使他在战后成了一名年轻的英雄。二战后，原先英勇的抵抗报纸《战斗报》成了法国的主流媒体，成了呼唤改革的那一代人的精神导向，而加缪很快成为二战后法国知识界的领军人物之一。到 1947 年 6 月，《战斗报》编辑部易手，加缪离开了《战斗报》，曾聚集在比阿和加缪周围的编辑和记者们纷纷另谋生路。

四、结识文学名流

初识萨特

1938 年，加缪阅读萨特的第一部小说《恶心》时发现了萨特，加缪称颂他"伟大而真实"。1942 年，萨特将《存在与虚无》送去付印，在随后的几天里，他惊讶地读到了加缪的《局外人》和《西西弗的神话》。萨特一口气作了六千字的笔记，从加缪的"荒谬"中看到了自己的"恶心"。他说道，"这种恶心——如某当代作家所谓——也是荒谬。"他们两个人发出了同一种声音。

萨特讨论了《局外人》和《西西弗的神话》这两部给加缪带来声誉的作品，他正是通过这两本书认识加缪的。两书的构思和大部分内容都完成于战前，萨特把它们重释为战时的创作。他说，加缪的作品是"极其阴沉的"，因为法国度过了一段悲惨的岁月。他把加缪的荒谬感与战争的恐怖，例如集中营，联系到一起，坚持认为加缪的悲观主义是健康的和有创造力的。他说："正是当人失去了所有希望的时候才发现了自己，此时他知道他能依靠的只有自己。死神随时可能降临，严刑拷打的威胁永存，促使像加缪这样的作家去衡量人的能力和局限。"生活在一种极端的处境下，在那里"我被拷打时是不是招供？"这样的问题是具体的，每时每刻都存在。

1943 年 6 月，萨特的戏剧《苍蝇》在巴黎上演。在首映式上，萨特和加缪初次见面，立即成为知己好友。

他们之间早有相知之感。加缪作为法属阿尔及利亚的法国人，曾经在阿尔及尔的报刊上给予萨特的小说《恶心》和小说集《墙》很高的评价，而萨特也早就评价过加缪的小说《局外人》和哲学随笔《西西弗的神话》。他们都十分钦佩对方，都从对方身上看出了非凡的才华。面对存在，萨特用了"恶心"的概念，加缪则用了"荒谬"的概念，都否定了传统本质论哲学对人的先验性价值定义，给个人的自由选择和责任开辟出一片新的空间。

初次相逢时的情形，据西蒙娜·德·波伏瓦回忆说，当时萨特站在休息室里，"一个皮肤黝黑的年轻人走上前来做自我介绍，这个人就是阿尔贝·加缪"。他一年前出版的小说《局外人》是文学界的热点，他的哲学随笔《西西弗的神话》也已在六个月前问世。这个来自阿尔及尔的年轻人被战争困在法国。当他在尚邦附近的勒帕讷里埃养病，逐渐从慢性肺结核病的恶化中康复时，联军攻占法属北非，导致 1942 年 11 月德军入侵法国南部，使他和妻子中断了联系。加缪想去结识萨特这位正声名鹊起的小说家和哲学家，现在又兼剧作家，加缪几年前就读过萨特的小说，而且萨特刚刚为加缪的书发表了一篇文章。这次见面很匆忙。"我是加缪。"他说。萨特立刻"发现他是个非常可爱的人"。

当时，萨特已是社会名流，而加缪则初出茅庐，因此萨特便成了加缪进入巴黎文坛的引路人。早在阿尔及利亚时，加缪就是一个关心社会现实的行动主义者，此时正主编巴黎左翼组织的地下报纸《战斗报》，便请萨特为这份报刊撰稿。萨特和波伏瓦来到编辑部看望加缪。萨特是这份报纸的第一位荣获署名权的作家，他的名字被用粗体字印在每一期报纸首页的上端。在加缪的安排下，萨特给《战斗报》写了一组反映巴黎解放战斗场景的文章——《起义中的巴黎漫步》。据波伏瓦后来在回忆录中说，这是萨特授意她写的。那个时期，萨特参加了抵抗运动时期的"国家剧团委员会"，加缪有空的时候就来剧团看望萨特，并参与了剧团的一些活动。

1945 年 1 月，身为法国抵抗运动报纸《战斗报》主编的加缪问萨特，是否愿意代表《战斗报》去美国。据波伏瓦的回忆，萨特对此十分高兴，"加缪请萨特代表《战斗报》，我从来没有看到萨特如此兴奋"。萨特第一次访问美国，是以法国新闻工作者代表和二战中法国抵抗法西斯战士的身份成行的。当时，对萨特和波伏瓦来说，美国是一个既熟悉又陌生的国家，"（美国）爵士音乐和文学在年轻时熏陶过我们，但它对我们又总是充满了神秘"。

在美国，萨特为加缪发回报道。他在纽约的一次讲演中，谈到了加缪对他的意义。这篇意味深长的陈述在他的有生之年从没有出过法文版，只有一个英译本——刊登于 1945 年 7 月的《时尚》杂志。

在讲演中，萨特首先肯定了在经历过战败、占领、抵抗、解放的战争期间之后，老一代作家的创作似乎"迟缓了，乏力了，不合时宜了"。新文学正在崛起，"乃是抵抗运动和战争的结果；它最杰出的代表是 30 岁的阿尔贝·加缪"。今天的新作家被打上了反占领战斗的经历的深深烙印。他们发表一大批地下文章，以增强人民抵抗德军的信心，保持他们的勇气，且往往是在极其危险的环境下，由此，他们已习惯于把写作看作一种行动；他们尝到了行动的滋味。他们从不声称作家是不用负责的，相反，他们要求作家随时能为其作品付出代价。在地下新闻界，没有哪一行字的产生，背后没有作者、印刷者或抵抗运动宣传册散发者在冒着生命危险；因此，在两次大战之间多年的通货膨胀过后——那时文字就像纸币一样不值钱——书面文字再一次赢得了力量。直接参与抵抗运动教育了这些作家，"写作自由像自由本身一样，在某些情况下是必须用武力保卫的"。但这种职责深刻地影响他们看待文学的角度：文学"绝不是一种能独立于政治而行的专业活动"。像加缪这样的年轻作家试图去介入他们的读者——这就是为什么"介入文学"在当时的法国被如此广泛议论的原因。

美国《党人评论》的两位主编菲利普斯和拉夫请萨特到纽约西五十六街的一家餐厅吃饭，参加聚会的还有其他文化人。在谈到加缪时，萨特说："他是我的朋友，很有才气，是一个很好的文学家，但绝对不是一个天才。"拉夫等人同意萨特的看法，因为他们也不太喜欢加缪的《局外人》。萨特还向他们谈到加缪青年时期不可思议的个人魅力，说这是"个人、行为、作品令人钦佩的结合"。

与纪德的交往

法国著名作家安德烈·纪德是 1947 年诺贝尔文学奖获得者。早期的加缪十分喜爱他的文学作品。在谈到纪德时，加缪表达了自己对这位作家的敬意：纪德像一位"我欲生活在其中的那座花园的守门人"。

在一篇回顾性的文章中，加缪谈到同纪德的关系。早年，16 岁的加缪在阿尔及尔生活时，在米什莱街开肉铺的老板、加缪的姨父阿柯，负担加缪的部分教育费用，他有时给加缪一些书籍。加缪回忆，"有一天，他递给我一本羊皮封面的小书，对我说，我会感兴趣的。那时，我囫囵吞枣地什么都读；我大概是在读了《女人信札》或一册《巴尔达场》后再读《地粮》的"。加缪首次阅读纪德作品时印象并不深刻。后来，他又读了《论那喀索斯》《爱的企图》之后，开始喜爱纪德的书。加缪说："纪德的秘密在于他从不曾在怀疑中失去做人的骄傲。死亡是他愿意承受到底的这种命运的一部分。"

在 1937 年年底组建了新的剧团之后，加缪选中了由纪德的《浪子回头》改编的独幕剧。改编本极其忠于原著，纪德是经他朋友雅克·厄贡的劝说才同意改编的。

在德军占领法国的最后岁月里，1943 年，《战斗报》编辑部从里昂迁到巴黎。当时，加缪住在拉雪兹街一家名叫米内夫的极其简陋的旅店。不久，当时在阿尔及尔的安德烈·纪德把位于伐诺街的他女儿卡特琳娜的单间居室借给了加缪，这间房同他在伐诺街一号乙七层楼的住所相毗连。加缪对他的临时住所这样描写道："这原是一间画室，阳台呈凹形，最怪的是房中间悬着吊杠。我让人把它拆走了，因为所有来访的人都自己吊在上面，我感到十分厌烦。"

但是，那时纪德并不曾见过加缪。在这位年迈的作家和他的后辈之间，很快就建立起了友情。

1945 年 4 月，加缪重返阿尔及尔时，在纪德的朋友雅克·厄贡家里首次见到了纪德。雅克·厄贡是位大学教授、拉丁文专家，积极参与阿尔及尔知识分子圈的活动。他同加缪一起，都是《岸》杂志编辑委员会的成员。加缪的早期文章《阿尔及尔之夏》就是献给雅克·厄贡的。

纪德刚读过加缪的《婚礼》，这本书是在主人的书架上发现的。读完后，他说："我非常喜欢这种笔调，这确是一位有语感的人。"在书中，青年作家加缪提出要摆脱纪德所颂扬的那种肉体的快活，他觉得这种肉体的快活过于复杂："我能斗胆声称我并不喜欢纪德颂扬躯体的那种方式吗？他要求肉体克制自己的欲望，以使这种欲望变得更强烈。这样，他便近似于酒肆、市井间的被复杂化的或善用心计的人。"纪德对文中涉及他有关欲望的观念之处并不介意。

1945 年 5 月，纪德、"小个子夫人"、加缪和夫人聚集在这间房间里，一起围在收音机旁收听了德国投降和欧战结束的消息。

与波伏瓦的友情

波伏瓦是法国存在主义作家。1943 年 11 月，加缪迁居至巴黎，担任他和萨特的出版商伽利玛出版社的审稿员。加缪、萨特和波伏瓦的友谊便由此开始。

加缪、萨特和波伏瓦三人第一次相聚是在弗洛尔咖啡馆，那是萨特和波伏瓦工作、取暖、用餐和交友的地方。起初，三人的交谈有些局促不安，随即他们谈起自己的写作。加缪和萨特都对超现实主义诗人弗朗西斯·蓬热代表作《事物的观点》有着一致的评价。

波伏瓦说，在他们之间打破僵局的是加缪对戏剧的热情。加缪在阿尔及尔组建了一个业余政治剧团。"萨特谈到了他的新剧本（《禁闭》），以及可能限制该剧上演的种种条件。他建议由加缪担任主角演出这个剧本。加缪起初犹豫不决，但拗不过萨特的坚持，也就同意了。"

他们在波伏瓦旅馆的房间里，把这部即将低成本巡回演出的剧本排演了几遍。"加缪乐意投身这次冒险，这使得我们很喜欢他，这也表明他有大把时间可以支配。他刚来巴黎不久，他结婚了，但他妻子还留在北非。"

萨特很满意加缪扮演的加尔散，但他的赞助者却撤资了，这人的妻子本来要在《禁闭》中登场的，却因与抵抗运动有染而被捕。这时，萨特得到一个让职业演员在巴黎舞台上表演这部戏的机会，加缪也就成人之美地退出了。

萨特说，加缪"和我完全相反：一个英俊、优雅的理性主义者"。萨特印象中的加缪，是个"有趣的人：很粗鲁，但常常很逗乐……我们觉得他作为阿尔及利亚人的一面很可爱。他有法国南方人的那种口音，有一些西班牙人朋友，这可以归结到他与西班牙人和阿尔及利亚人的联系"。

波伏瓦补充说："他是这样一个人：跟他在一起我们过得很开心。我们经常见面——各自的事情说都说不完。"还说："他的年轻和独立在我们之间建立了纽带，我们都是被禁闭者，我们的成长不靠任何'派系'的帮助，我们不属于任何团体或小圈子。"

在《早年生活》里，波伏瓦提供了一份可信的战时精神生活记录。当时，他们和加缪及另一些知名或即将成名的新朋友，包括画家巴勃罗·毕加索，法国诗人米歇尔·雷里斯，法国哲学家、《色情史》的作者乔治·巴塔耶和法国作家雷蒙·格诺一起，过节、排戏或喝点酒。"在所有威胁还悬在我们这么多人头上的时候，我们过早地庆祝着胜利。"食品供应短缺，但波伏瓦有时会弄来一些肉请朋友们一起享用。她说，她供给"我的客人一碗碗新鲜豆子、成堆的菜肴和炖肉，我还总是留心搞来很多葡萄酒"。

1944 年春天，加缪在一群朋友面前主持朗读了一出由毕加索创作的戏剧。演员之一布拉塞给加缪和萨特拍了一张合影，这也是他们唯一的一张合影，柯亨-索拉尔和杰拉西的传记都收录了这帧照片。但托德和洛特·加龙省曼的传记，仅有的两本收录照片的加缪传记却没有收。当其他客人在宵禁前走后，演出人员和一伙密友的聚会持续到凌晨五点。

还有，波伏瓦这样写道：我们用江湖郎中、骗子、小丑和游行造就了一种狂欢。多拉·玛尔模拟了一场斗牛表演，萨特在碗橱上指挥管弦乐，兰布尔像个食人者一样切火腿，格诺和巴塔耶用瓶子代替佩剑上演一场决斗，加缪和勒马尔尚则在平底锅盖上表演行军，会唱歌的唱，不会唱歌的也唱。我们搞了哑剧、喜剧、滑稽模仿剧、独白剧和忏悔剧。即兴演出络绎不断，受到热烈的欢迎。我们放唱片跳起舞，像奥尔迦、旺达和加缪都跳得很棒，其他人就不行了。

出版于 1963 年的波伏瓦的回忆录中，她把加缪描写成巴尔扎克《幻灭》里到巴黎追寻成功的年轻乡下人：他从不隐瞒他享受功名的事实，对此，他如果摆出一种淡漠的态度，反而显得不那么自然。有时候他还是会露出一点拉斯蒂涅（拉斯蒂涅是巴尔扎克《人间喜剧》中的一个主角，这个朴实的穷大学生在巴黎大都市的诱惑下一步步走向利令智昏的生活）的腔调，但他似乎不太把自己当回事儿。他的灵魂单纯、热烈。心情好的时候，他也能随便开开玩笑。弗洛尔酒店里有个侍者名叫帕斯卡尔，他坚持管他叫笛卡儿。但他有如此放纵的本钱，他的迷人魅力，冷静和热情恰如其分搭配的产物，确保他不会堕入粗俗。最让我喜欢的是，即使在沉浸于个人活动、愉悦和友谊之中的时候，他也能在人和事中感受到普通人感受不到的超然的乐趣。

波伏瓦在回忆录中说，她曾向加缪吐露爱慕之情，但遭到拒绝，这使她对加缪的感情复杂化了。后来，她又发牢骚说加缪待她粗鲁不耐烦，她猜想这也许是因为加缪是地中海女人的后代，觉得她没有魅力，不能承认她是一个能跟他平起平坐的知识分子。她还不知道加缪曾当着阿瑟·库斯勒的面挖苦她："想想吧，以后她躺在枕头上会说什么。多恐怖：一个唠叨鬼、彻头彻尾的女才子——无法忍受。"不过，加缪和波伏瓦还是就很多重要的问题作过交流——或在私下，或当着萨特的面。有一天晚上，他们单独在一起，加缪向她倾吐了自己爱情生活中遭遇到的巨大创痛。

当加缪在突遇车祸死去后，波伏瓦在巴黎的围墙下通宵徘徊，悲痛得难以入眠。

马尔罗的举荐

1940 年，当时正处在战争期间，当加缪在《巴黎晚报》工作期间，他有机会和一些社会名流接触，其中有比阿的挚友、法国著名作家马尔罗。

马尔罗生于 1901 年，死于 1976 年。他的正式身份是法国作家。除了写作之外，他还从事社会政治活动。1927 年加入法国共产党，同年广州起义时访问了中国。他的小说《征服者》反映了亚洲人民的觉醒，《人类处境》描写了上海"四·一二"大屠杀，《希望》则反映了他亲身参加的西班牙内战。还有作品《反回忆录》《蔑视的时代》《沉默的声音》等。第二次世界大战期间，马尔罗曾领导阿尔萨斯游击队。在戴高乐执政期间，他担任了新闻部长和文化部长。他在西班牙飞行中队的某些战役中发挥过关键作用，他所领导的西班牙空军中队人员都是左派分子，处于无政府状态。中队运作不靠任何纪律、任何强制，其成员充分体验了自由。他还充当过机枪手，这种躬亲实践是一种冒险。他带领空军中队去西班牙的目的是革命，至少使革命成为可能。当年在马尔罗身边工作过的飞行中队最后的幸存者诺通说："马尔罗神气而有才华，举止非凡。马尔罗就是马尔罗。"

在加缪的《局外人》《西西弗的神话》和剧本《卡利古拉》的出版过程中，马尔罗曾提供过帮助。马尔罗寄给伽利玛出版社的出版商加斯东·伽利玛一张明信片，要他注意一位青年作者的手稿。后来，加缪的著作大都是在这家出版社出版的。

加缪在致友人的信中回忆道，《卡利古拉》和《局外人》得到马尔罗的好评。1941 年 5 月，比阿曾让人为马尔罗朗读过《卡利古拉》。不过，马尔罗更喜欢《局外人》。

马尔罗是杰出的现代法国作家，加缪对马尔罗怀有非常的敬意。早在 1937 年，加缪就曾想写一本关于马尔罗的论著。在 1957 年诺贝尔文学奖授奖仪式上，加缪更是公开宣称，该奖本应归马尔罗。

第 2 章

荒谬系列

> 人将最终在这个世界里重新找到荒谬酿造的美酒
> 和冷漠做成的面包，人的伟大正是以此为养料的。
>
> ——加缪《西西弗的神话》

一、荒谬者:《西西弗的神话》

加缪界定了"作家"的使命:当代作家"不再讲故事,而是去创造自己的天地"。他的作品确实不只是停留在讲故事上,而是同时在哲学上"创造自己的天地"——表述了一整套结构严谨的批判现代生活的思想价值观。这些不同的作品,运用不同的主题,呈现了加缪所要演绎的一整套有关现代人存在状况的哲学思想。就是说,呈现了一种揭示现代世界之荒谬、关于反抗荒谬和关于生活之爱的哲学,一种全新视角的价值哲学框架。而加缪,也随着这些具有重大思想价值作品的不断问世,从一个年轻的作家成长为一个现代存在主义思潮中具有深刻洞见的哲学家。

在加缪开始作家生涯时,就为自己树立了明确的目标,并依据这一目标制定出明确的写作计划。在 1957 年斯德哥尔摩诺贝尔奖的受奖演说中，加缪重申了自己作品的整套结构："当我开始写作时，我有一个准确的计划：我首先要表达否定的思想。其形式有三种：小说：《局外人》；戏剧：《卡利古拉》《误会》；思想意识：《西西弗的神话》。我仍用这三种形式表达肯定的思想：小说：《鼠疫》；戏剧：《戒严》《正义者》；思想意识：《反抗者》。我还设想了第三类作品——环绕爱情这个主题。"

在 1947 年《记事》中，他记下了把自己的作品按序归类的整体计划，其内容如下：

第一类：荒谬：《局外人》《西西弗的神话》《卡利古拉》和《误会》。

第二类：反叛：《鼠疫》《反抗者》《卡利阿也夫》。

第三类：评判：《第一个人》。

第四类：心碎的爱情：《柴火堆》《论爱情》《诱惑者》。

第五类：经过修改的创作或体系：长篇小说、长篇思考、不供演出的剧本。

加缪思想的主旨，他是这样界说的："我不是存在主义者。"他说过，"我不接受存在主义哲学，因为我认为世界是荒谬的。"可以说，加缪是一位揭示了人之荒谬、世界之荒谬这一具体而深刻的含义，引导人们去反抗这种荒谬性、去追索人的自由、表现富有激情的人之生存，领悟和享受对大自然、对人生之爱的"荒谬哲学家"。

但是，由于加缪本人，特别是早期和中期写作生活中与存在主义哲学家们过从甚密，因之研究者认为他的思想基本上是属于存在主义思潮的，是法国存在主义哲学圈中的一个重量级的存在主义哲学家，而其思想主旨也基本上是属于存在主义思想流派的。尽管加缪本人后来在政治思想、道德价值观上和萨特、梅洛-庞蒂等人发生冲突，但在哲学的基本方面，还是属于存在主义思想流派的。至少，在1957年瑞典皇家科学院诺贝尔文学奖给加缪的授奖词中就称他是"一个存在主义者"，而加缪对此并未提出异议。

作为一位揭示荒谬的存在主义哲学家，加缪向人们揭示了现代生活中普遍存在的荒谬，完整地探讨了荒谬的概念，指明了荒谬的人在现实生活中的种种具体表现，说明了现代人的荒谬感，精辟地分析了荒谬产生的原因。

《西西弗的神话》的写作

"荒谬"是存在主义哲学的一个重要概念。它揭示了现代世界的不合理状况，进而影响和扭曲了人类的生存这样一种现象。加缪集中对荒谬概念进行了全面的研究和揭示。

早在1936年5月的《记事》中，加缪就使用过"荒谬的"和"荒谬"这类词语。在1937年出版的论文集《反面与正面》中《是与非之间》一文里，加缪使用了"荒谬"的概念，提到了"世界的全部荒谬的简洁性"。在1938年，当加缪在《阿尔及尔共和报》上发表有关《厌恶》的评论时，对现代生活中存在着某种荒谬的想法就形成了："看到生活的荒谬，这不是结束，而仅仅是开始。几乎所有的伟大思想家都以这个真理为起点。令人感兴趣的并不是某种发现，而是从中汲取行动的后果和规则。"

加缪系统地探讨"荒谬"概念和其历史理论，实际上是从他的好友比阿这一现实生活模型的经历中总结而得的。据加缪的好友、被誉为法兰西的契诃夫的法国作家罗歇·格勒尼埃说，比阿"是一个极端虚无主义者，最安静的绝望者"。加缪从比阿身上看到了一个"荒谬的人的活标本"。

比阿是对加缪"荒谬"主题的形成和写作具有直接影响的人。在加缪写作《局外人》时，比阿是当时《阿尔及尔共和报》的负责人，正是他雇用加缪当上该报记者的。比阿十分喜爱法国大诗人波德莱尔，波德莱尔曾明确地谈论"荒谬"说："荒谬是疲乏者的恩泽。"同加缪一样，战争使比阿成为孤儿；比阿也同加缪一样酷爱文学，不过早就放弃了写作，而改行私下秘密出版波德莱尔等作家的作品，还在巴黎林荫大道上推销过售糖奖券。比阿写过诗，《新法兰西》杂志社曾打算出版他的诗集《一束荨麻》，但年轻的比阿在付印前抽回了原稿。当时，法国著名作家马尔罗、荷兰大作家贝隆和其他一些作家都承认，自己受过比阿的深刻影响。同样，加缪也受到了比阿的影响。在1939年《记事》中，加缪这样描述了他的这位友人："比阿和将消失的资料。自愿的消亡。面对虚无，享乐主义和持续的变动。历史精神在此成了地理精神。"

当时，比阿经常感到绝望，极度的厌倦，经常向人说到自己的主张：人有"离去的权利"。"离去"一词的意思是指自杀。加缪从比阿那里听到这些言论感到十分的震惊，这些都在1939年7月的《记事》中作了记录。比阿本人则直至死前，都禁止别人在他身后撰写关于他的文章，他要求得到这一"对虚无的权利"。

比阿有时振振有词地对人说到"绝望"的观点，人们也为他的这一悲观主义逻辑所折服。为此，加缪在1938年到1939年对各种人绝望的表现形式作过研究，并曾注意到他的另一位朋友彼埃尔，"在彼埃尔身上，海淫便是绝望的一种形式"。这人后来成了《局外人》中主人公默尔索的原型之一。

至于《西西弗的神话》中的另一个主题：荒谬的英雄西西弗，则是受到加缪的哲学老师让·格勒尼埃的影响。让·格勒尼埃曾出版过一部书《论正统思想》，书中谈到被爱神惩罚的人时说："人们总谈到普罗米修斯的神话，却忘记提及他的结局，这才是神话的主要部分。人们从不谈西西弗。"

1940年，经比阿推荐，加缪在巴黎的《巴黎晚报》任职。期间加缪感受到那种潜伏在城市雾气内部的"陌生"气氛。他在当时的《记事》中写道：在旅馆的"阴暗房间里，在一个顷刻间变得陌生的城市和喧闹声中突然醒来，这意味着什么？一切都与己无关，没有亲人，没有地方可以愈合这个伤口。我在这里做什么？这些人的动作和笑容有什么意思？我不是这里的人，也不是别处的。世界仅仅是一片陌生的景物而已，我的内心在此已无所依托，与己无关，谁清楚这个词意味着什么？"从这一段文字里面，人们完全可以嗅到那种"虚无"和"绝望"的流亡式生存的奇特味道，这是时时处处散发于《局外人》中和《西西弗的神话》所探寻中心问题的主调。

1940年，加缪来到巴黎，在《巴黎晚报》编辑部工作。工作之余，当他走出在卢浮街的报社，来到自己居住的旅馆时，就埋头同时写作《局外人》和《西西弗的神话》。《西西弗的神话》手稿的好几页是写在《巴黎晚报》报头空白上的。《局外人》是在1940年5月脱稿的，《西西弗的神话》的第一部分是在9月完成的。以后继续写作此书，直到他住在奥兰时，才将此书完成。加缪在1941年2月21日的《记事》中写道："《西西弗》脱稿。三部写'荒谬'的作品完成。开始写以自由为主题的作品。"另两个以"荒谬"为主题的作品是小说《局外人》和剧本《卡利古拉》。

1942 年 5 月以后，加缪的身体一直欠佳，他忍受不了阿尔及利亚的炎夏，就来到离奥兰十六公里的杜尔克附近的海滨农场休养。不久，又设法办理了同妻子去法国本土的安全通行证。同年 8 月，加缪夫妇来到里荣河畔的尚蓬住下。他的妻子富尔一家以前常来此居住。每隔十余天，加缪就乘省里的小火车到圣艾蒂安接受治疗。在火车上，他看到了战争造成的灾难，他把这一场景写进了《鼠疫》。就在此后不久，1942 年 10 月，《西西弗的神话》在法国伽利玛出版社第十二期"论文集"上发表了。这本书是献给比阿的。

荒谬概念

在《西西弗的神话》一书中，加缪专门探讨了荒谬概念。在他看来，荒谬的概念本身绝不是形而上学的思辨，而是作为一种"精神的恶"出现的。这种荒谬，既在于人，也同样在于世界。

在加缪看来，荒谬在于人，就是人自身对人来说是陌生的。他说："我对于我自身将永远是陌生的。"在"知"上，由于无知，我变成混淆不清的，"思想进入荒漠"，因而需要"认识你自己"；在"情"上，"荒谬就成为一种激情，一种在所有激情中最令人心碎的激情"。之所以出现这种人自身对人来说是陌生的这种局面，是因为"荒谬产生于人的呼声同周围世界无理性的沉默之间的冲突"。如果你把人和世界分开来看的话，荒谬则既不存在于前者，也不存在于后者。但是，由于人的主要特点是"存在于世界上"，荒谬就终究是人类处境不可分割的一部分。因为，在荒谬中，我们发现自己身处于一种无望的清醒之中。

同样，荒谬在于世界。在加缪看来，在现代人的生活中，存在一种使人与周围世界相隔膜的力量。他在《西西弗的神话》一书中说："在任何包含着某种非人因素的美的深处以及这些山丘，这宁馨的天空，这些树的倩影，这一切突然在同一分钟之内丧失了我们梦寐以求的幻想的意义，从此就变得比市区的天堂还要遥远。经过千年沧桑变幻，世界与我们的对立愈加强烈。我们在一瞬间突然不再能理解这个世界……唯一确定的事实是：世界的这种密闭无隙和陌生，这就是荒谬……这种在人本身的非人性面前所产生的不适感，这种在我们所看到的东西的图像前引起的堕落，这种被我们时代的某个作家称作'厌恶'的感情，同样也是荒谬。"

对于加缪的荒谬概念，萨特在与《出版》杂志记者克里斯蒂安·格里索利谈话时评述说："加缪是一位古典主义者，一位地中海人。谈到他的悲观主义，我认为他热爱阳光，但同时又想到太阳中的黑子。加缪的哲学是荒谬的哲学，他认为荒谬产生于人和世界的关系，产生于人的合理要求和世界的非理性。"

实际上，就是存在主义哲学家们当中，对于荒谬概念的理解也是有所不同的。加缪从荒谬概念中引出的是古典悲观主义的主题；而另一位存在主义哲学家萨特则认为，并不存在加缪所理解的从丑闻和失望意义上讲的荒谬。萨特所理解的被称为荒谬的东西，与从丑闻和失望意义上讲的荒谬十分不同。在他看来，这种被称为荒谬的东西是存在的普遍偶然性，这种偶然性存在着，但它并不是它的存在的基础；这是在确定的存在中无法说明的、始终首要的东西。萨特从存在的这种特性中得出的结论，是在与加缪完全不同的方面发挥的。

哲学性自杀

对于死亡的思考，是存在主义哲学的重要组成部分，也是加缪关于荒谬思想的一个重要组成部分。在此，加缪提出了"荒谬支配死亡"的哲学命题。

加缪本人从青年时期起就身体欠佳，由于健康原因，他没有获得在大学和中学任教的资格。他在 1943 年《记事》中写道："死亡的感觉从此以后对我来说已习以为常：这种感觉已失去了痛苦。痛苦紧扣住现时，它要求作一场让人操心的斗争。但是仅仅看到沾满血迹的手帕就让人预感到死亡，而无须作努力，这等于令人目眩地被重新投入时间之中：这便是对变化的恐惧。"在他所写的《记事》的其他部分，我们可以看到那始终缠绕着并威胁着他的疾病的发展，使他不得不放下一切工作被迫休养，疾病最终成了他所面对的一种存在和思考的方式。

这种在死亡阴影中的生存，给加缪带来的是"苦涩"，从而生成一种隐含在加缪一生创作中对死亡的超越感。对此，加缪在《记事》中这样解释道："我花了 10 年时间获得我心目中的无价之物：无苦涩的心。由于这样的情况时常会有，苦涩一旦被超越，我就把它留在一本或两本书中。这样，我将永远被人根据这苦涩来评判，但它对于我已无关紧要了。然而这样做是正确的。这是应付的代价。"

从自身对死亡的经验出发，加缪不认为哲学是考察世界的本质与精神之关系的理论，而认为它应该考察人的生存，即考虑人是否应当生存抑或选取死亡。在《记事》中，他谈到对犬儒主义的诱惑以及自杀的诱惑所作的"令人心力交瘁的斗争"。

从这个思考问题的角度，加缪提出，真正严肃的哲学问题只有一个，这就是自杀。他说："判断生活是否值得经历，这本身就是在回答哲学的根本问题。其他问题——诸如世界有三个领域，精神有九种或十二种范畴——都是次要的，不过是些游戏而已。"

在加缪看来，自杀问题是与人在荒谬下生存所追求的自由直接相关的，而自由则事关生活价值。在自杀行为中，有一种是由对生活价值的判断引起的。人的心灵对生活价值这一类事实十分敏感，因为人所选取的生活就是"根据它（自由）要进行的行动"。生存的价值决定了生存要采取何种行动。从人们的生活行为中，加缪看到，"许多人认为他们的生命不值得再继续下去，因而就结束了生命；还看到另外一些人，他们荒唐地为着那些所谓赋予他们生活意义的理想和幻想而死。因而我认为生命意义的问题是诸问题中最急需回答的问题。"在此，他说明了这样一个事实：哲学或某个价值观念会使人生活得更有意义，但也在某些时刻要了人的命。加缪说："自杀只不过是承认生活着并不'值得'……一个人自愿地去死，则说明这个人认识到——即使是下意识的——习惯不是一成不变的，认识到人活着的任何深刻理由都是不存在的，就是认识到日常行为是无意义的，遭受痛苦也是无用的。"

继之，加缪考察了历史上那些自杀的哲学家，他们因为其价值与存在有所差异而选择了对自我生命的毁灭。他提到了古代希腊哲学家贝尔格里诺斯，这位哲学家已经享有盛名，但仍渴望着最终的荣誉，为了取得它，哲学家纵身投入公元165年举行的奥运会圣火中。"他投入火海中，完全消失在庄严中。这行为使他更接近于我们，我们没能够拥有信念，却又幻想这可能会成为什么。真正的伟大，是完全无意义的，无论在何处，对于我们都是无足轻重的。真正的欺骗，便是并不骗人的东西。"

加缪还提到 19 世纪的哲学家于勒·勒基叶。于勒的死有些离奇，也许是自杀，也许是向上帝挑战。据说，他在大海里游泳时想，如果上帝存在，如果上帝需要他，就会来救他。实际上，没有上帝来救他，是海水把他的尸体冲上了沙滩。

但是，加缪怀疑自杀是一种人生的解决方式。他提出了这样的疑问："自杀是一种解决方式吗？"这涉及他 1925 年作的关于著名的超现实主义的调查。加缪的朋友比阿对这一调查也有过思考，并在比利时杂志《绿唱片》上发表文章说："我不明白自杀是否是一种解决方式。"他论述道：如果自杀是一条出路，那么，这种方式太简而易行了。但是，回避是解决不了问题的。他说："我尽管贫穷，但我不愿去爱穷人。那些因为他们的信念或是由于他们缺少信念而去自杀的人，无疑生来就是自杀的牺牲品。"在此，比阿已经将自杀与信念问题联系在一起了。

加缪的看法与此相近。他分析说："人们向来把自杀当作一种社会现象来分析。而我则正相反，我认为问题首先是个人思想与自杀之间的关系问题。自杀的行动是在内心中默默酝酿着的，犹如酝酿一部伟大的作品。但这个人本身并不觉察。某天晚上，他开枪或投水了……社会在一开始与自杀并无关联。隐痛是深藏于人的内心深处的，正是应该在人的内心深处去探寻自杀。"

加缪就自杀问题的这一分类与探讨，确实揭示了过去人们所未曾关注的一个层面，从而丰富了关于自杀的理论认知。

重复性生存

现代生活中存在的简单的重复性，是加缪存在主义哲学观的一个重要观念，是人的荒谬存在的表象之一。

加缪在《西西弗的神话》中提出，现代人的生活是单调的、每天重复的生活，因而是一种荒谬的生活。他说："起床，电车，四小时办公室或工厂的工作，吃饭，电车，四小时的工作，吃饭，睡觉，以及接踵而来的星期一，星期二，星期三，星期四，星期五，星期六和星期天，大部分的日子一天接一天按照同样的节奏周而复始地流逝。可是某一天，'为什么'的问题浮现在意识中，于是，一切就都从这略带惊奇的厌倦中开始了。'开始'，这是至关重要的。厌倦产生在机械麻木的生活之后，但它开启了意识的运动。"

加缪在小说和哲学论文中勾画出了存在于我们身边的荒谬世界，这是一个不断重复并回归开始的枯燥过程。西西弗所遭受的这种关于简单的重复性的惩罚，喻指人单调重复的荒谬生存方式。

希腊神话中的西西弗是最有智慧的凡人，他因戏弄死神而被罚昼夜不息地推巨石上山。到达山顶时，巨石又滚下山，然后一切重新开始。诸神认为，再也没有比重复而又徒劳无功的苦役更为可怕的刑罚了。

西西弗苦役所揭示的哲理是：单调与重复的现代生活，表明了现代人生存的一种简单的连续性。就此连续性而言，它既枯燥乏味，又劳而无功。

在对这一重复性的分析中，加缪发现了现代人荒谬生存的新的深意。

首先，加缪将重复性区分出不同的阶段。"重新开始"这一问题的意义在于，是退回到零起点，还是以当前为零起点？重新开始与开始不同，虽然两者都需要一个开端，但其开端的意义却是不同的。开始的开端是处在空白之中的，而重新开始却是处在非空白的构成之中。加缪认为，重新开始是荒谬，而那种并不以重新开始为开始的，则是战胜了荒谬的英雄。对于战胜了荒谬的英雄来说，"荒诞从事物开始，但他转一圈再回来的时候，并不打算再见到这种荒诞"。

其次，加缪把重复性与"幸福"这一极具神圣意味的形容词联系起来。他确认，西西弗因背叛诸神而接受推石上山的永久性惩罚，正如现代"进行无效劳役而又进行反叛的无产者"。他说，一切都没有耗尽，"西西弗的命运是属于他自己的，那块石头为他所有……他是自己生活的主人。在这微妙的时刻，人回归到自己的生活之中，西西弗回身走向巨石，他静观这一系列没有关联而又变成他自己命运的行动，他的命运是他自己创造的，是在他的记忆的注视下聚合而又马上会被他的死亡固定的命运"。

加缪说，一个人总会发现他的重复以及重现的一切，然而，正如古贤伊底帕斯所说："我的结论是一切都很好！"加缪说："这是一个神圣的启示。"在此，他揭示出"重复性荒谬"的另一种意义。

回眸瞬间

加缪在对人生价值进行逻辑推演中，设定了一个重要的概念环节，用加缪的哲学用语来说，就是神话英雄西西弗的"回眸瞬间"。

在加缪的思想体系中，"回眸瞬间"是一个非常重要的概念环节，它表达了人的生活价值的生成的最原始的起点这一思想。正是在这一点上，人产生了对自我存在的真正反思，从而开始了用价值来衡量现实存在的价值性生存。

加缪认为，人的生存是按照自我设定的价值来进行的。但是，这一支持整个生存的价值体系需要有一个逻辑起点，也即作为它的整体的生成基始，一切价值要由这一起点开始生成。在此，加缪发现，所有的价值就开始于西西弗完成推石上山后、巨石重新滚下山时的瞬间回眸，他发现自己真正战胜了那种重复性生存的"惩罚"，他发现了他生存的意义。

意义产生于瞬间，这是由人的凝视造成的。人透过凝视而看到自身存在的深刻本质。把人和事件放在生活的总体当中，然后考察它们的发展方向，再正确地规定它所具有的意义。一个瞬间组成的世界，是一个存在着希望和意外惊喜的世界，也是一个因有意外事故而令人欣跃的世界。正是瞬间凝视带给人的生活以丰富多彩和变幻无穷，赋予了我们的生活以生动活泼的意义。

意义与瞬间发生一种连带关系，是说人生的意义在瞬间生成，人借助意义而由瞬间跃入永恒。瞬间在生存中具有重要的意义。生命之流、事物之流，只有在一个点上才具有实际意义，这个点就是瞬间。在瞬间中，过去和未来失去了概念的现实根基，而"现在"也变得毫无意义。它们都成了以往思想家们立足于"前"与"后"这两个基本的时间标志来建立其体系的基础概念。也就是说，人一直都生活在时间的脉动之中，它们连贯起来，覆盖起日常的生活领域。但是，瞬间出现了，它突然地斩断了时间之流，在时间之流中突然炸开，在爆炸的中心形成一个短暂的真空世界——在瞬间出现之中，时间被驱赶出去，生存的永恒性骤然而出，并取而代之。人从瞬间，在一刹那，跃入了永恒，得窥人之生命的最美、最真实的意义。这一瞬间之点就是人的生命生成重要性之所在。

加缪说，正是在此回眸瞬间，"西西弗告诉我们，最高的虔诚是否认诸神并且搬掉石头。他也认为自己是幸福的。这个从此没有主宰的世界对他来讲既不是荒漠，也不是沃土。这块巨石上的每一颗粒，这黑黝黝的高山上的每一粒矿砂唯有对西西弗才形成一个世界。他爬上山顶所要进行的斗争本身就足以使一个人心里感到充实。应该认为，西西弗是幸福的"。在此，加缪给了在现实重复性中生活的人们以新的价值，使人找到了接受生活的理由。

二、局外状态:《局外人》

荒谬，是构成加缪存在主义哲学的第一环。加缪荒谬观念的出现，始于他对现代人扭曲的生存状况和其生存环境的思考。在这一思考过程中，他发现了现代人生存的独特窘境：人的荒谬的存在。在揭示人的这一生存现象时，加缪以哲学论著完成对于内在本质的揭橥，同时又通过小说来完成对于现象的揭示。这些写作活动构成了他早期的思想历程，形成了一个可以称之为"荒谬系列"的作品链。

《局外人》的写作

在加缪的荒谬概念中，荒谬意喻了人的存在的外部状况，而这种外部状况是一定会对人的真实存在发生影响的，这种影响的结果就是使人成为自己真正存在的"局外人"：人生存于那种属于自己真正本质的存在之外。作为一个重要的思想组成，加缪在小说《局外人》中揭示了这一思想。

加缪十分重视对人的"局外"现象的重要揭示，因之在对自己的作品进行分类时，总是把《局外人》列在以荒谬为主题的系列作品之首。

从 1937 年开始，加缪就在《记事》中作了一些笔记，说明他正在写作小说《局外人》。来到巴黎后，他继续埋头写作《局外人》和《西西弗的神话》。直到 1940 年，加缪才在《记事》中写下："《局外人》已脱稿。"可知，这部小说在此时已经完成。

《局外人》的定名，让加缪颇费心力。他曾认为这个名称更适合《堕落》中的克拉芒斯，他说："这本书，我本想给它取名为《当代英雄》。"但据加缪的朋友罗歇·格勒尼埃考订，这部小说的取名最后还是受了法国诗人波德莱尔的影响。波德莱尔的《巴黎的消沉》中，第一首短散文诗的诗名就是《局外人》。诗中所描述的人，是一个既无家庭也无祖国、既不爱美也不爱金子的人，而是喜欢"飘到那边……那边……的云，美丽的云彩"。波德莱尔的"局外人"与加缪小说中的"局外人"默尔索不一样，前者具有浪漫色彩，喜欢沉湎于幻想之中；后者则具有荒谬色彩，深陷在现代荒谬的泥潭中。

加缪认为，荒谬表现为一种古怪感，或奇特性。在阅读加缪《局外人》时，读者总是时时刻刻感受到小说中存在的那种怪怪的感觉。在小说中，我们经常会看到这样的字句：

"他的脸有些不对称，我只看到他的两只眼睛，这双眼睛非常明亮，死死地盯着我，然而这目光让人捉摸不透，我产生一种奇怪的感觉，像是我注视着自己一样。

"当我看到这个年轻的记者已转过脸去的时候，我产生了一股奇特的感觉。"

关于这种怪怪的阅读感，加缪揭示说，这就是要"通过日常所见来表现悲剧，通过逻辑来表现荒谬"。他在《西西弗的神话》关于卡夫卡的章节中进一步揭示说："自然是一个难以理解的范畴。一些作品中的故事对读者来说似乎很自然。可是还有另一些作品（确实，这类作品更少），其中的人物对发生在自己身上的事情感到很自然。由于某种古怪的但又明显违背常情的原因，作品中人物的遭遇越离奇，故事的自然性就越容易体现出来：人生的奇特与人自然而然地接受这种奇特性之间的差距是成正比的。"生存的荒谬性正是这种奇特性的表现。

完成《局外人》《西西弗的神话》和剧本《卡利古拉》的写作后，经好友比阿的推荐加缪将手稿送交到伽利玛出版社审稿委员会。加缪的好友、作家马尔罗也向出版商推荐。还有一位好友也向出版社的编辑介绍《局外人》，说这是一部一流的作品。小说开头像萨特的风格，结尾又似彭松·杜·戴拉依的风格。应该出版，不要犹豫。

1942年6月，加缪成名作《局外人》公开出版，它所揭示的人类生活弊病受到广泛关注。这部篇幅不长的小说很快取得了成功，文学评论家随即承认这部作品在文学史上具有重要意义。对薄薄的《局外人》，萨特花费了洋洋两万言的篇幅在1943年2月《南方散记》上发表了《〈局外人〉释》一文，认为这部作品是"作者和读者两个人在荒谬中超出理性的突然沟通"，并称许这部小说"十分近似伏尔泰的故事"，断言"这是一本探讨荒谬的经典作品"。他发现加缪小说描写的北非背景，实在是荒谬的典型环境。"荒谬并非纯粹理念的对象，我们通过一种令人悲哀的启示而意识到它的存在。"后来，加缪获得1957年度诺贝尔文学奖也主要是因为这部小说。

《局外人》是加缪的成名作，此后多次再版，印数高达七百万册。

故事梗概

《局外人》是一部关于现代荒谬生活事件的小说。小说以一种客观记录式粗线条地描述了阿尔及尔一个公司的法国职员、年轻的默尔索，在荒谬的世界中经历的种种荒谬的事，以及自身的荒诞体验，最终成了一个被荒谬生活排斥出局的局外人。

小说分两个部分。第一部分叙述默尔索回到乡下参加母亲的葬礼，以及到他莫名其妙地在海滩上杀人。这一部分表明了现代人对待各种至爱亲朋和人际关系的冷漠。

年轻人默尔索对于生活采取了顺其自然的态度。在对待亲情上，母亲是每个人最亲的亲人，但对待母亲的态度是近乎冷漠的。《局外人》的第一句话是："今天，妈妈死了。"默尔索在接到母亲去世的电报时没有哭，在母亲下葬时也没有哭，他糊里糊涂地看着母亲下葬，甚至不知道母亲的年龄。

对自己的婚姻大事，他抱着顺其自然的态度。在母亲下葬后回到自己生活的城市的第二天，默尔索就和女友去海滨游泳，一起看滑稽影片，并且和她回到自己的住处做爱。当他的未婚妻问起他们的婚姻时，他却对深爱他的未婚妻表示：无论结婚还是不结婚，怎么都行。

对于建立家庭的态度是如此，那么对于自己事业也同样抱着顺其自然的态度。默尔索所服务的公司老板建议他去巴黎——公司里的职员都想得到这个机会——开设一个办事处，他却对此毫无热情。对于巴黎这个国际大都市，他说："很脏。有鸽子，有黑乎乎的院子。"

默尔索和名声不好的邻居雷蒙·辛代建立了友情，雷蒙自称是店铺老板，但实际上是靠女人卖淫为生。当雷蒙要惩罚那个女人时，求默尔索帮助给她写一封威吓信，他竟答应了。两个和卖淫女人有关系的阿拉伯人要向雷蒙报复，雷蒙把默尔索当成挡箭牌，而默尔索也不加防备地卷入了这起事件当中。最后，在和雷蒙一起去海滨过周末时，默尔索迷迷糊糊、莫名其妙地用从雷蒙那里拿来的枪，在海滩上杀了那个跟邻居雷蒙过不去的阿拉伯人，而这个阿拉伯人和他根本就没有任何仇怨。

第二部分是默尔索被审讯的过程。这一部分主要是默尔索接受法庭的审讯、在监狱里的生活。这一部分表明了现代人对于个人的生命的冷漠。

在法庭的审讯过程中，默尔索一直注视着一位报道庭审的年轻记者，同时还注意一只总是飞来飞去的大苍蝇。加缪在写给他的老师的信中说，这里说的是一段我十分熟悉的，我曾有过强烈感受的经历（您知道我曾经旁听过许多审判，其中有一些是在重罪法庭审理的大案）。在监狱里，默尔索逐渐习惯了失去自由的生活，每天靠回忆打发日子。他想的东西很多，对死也不感到恐惧和悲哀，认为 30 岁死或 70 岁死关系并不大。当被判处死刑后，默尔索拒绝神甫为他祈祷，并因为不耐烦而终于爆发对宗教的不满。"他人的死，对母亲的爱，与我何干？……他所说的上帝，他们选择的生活，他们选中的命运，又都与我何干？"

在就要被处死的前夜，默尔索第一次向这个世界敞开了心扉，他觉得自己过去是幸福的，现在仍然是幸福的，他至死都是这个世界的"局外人"，他感受到了自己生之世界的荒谬，他至死幸福。他大概觉得这还不够，他又说了这样一句让人莫名其妙的话："为了使我感到不那么孤独，我还希望处决我的那一天有很多人来观看，希望他们对我报以仇恨的喊叫声。"

人的局外化

《局外人》是一部存在主义荒谬观的哲理小说，揭示了关于现代人独特的存在境况：现代人的局外化。

在写作这部小说时，加缪明确了关于这部小说的主旨和构思。就其主旨而言，加缪披露说："《局外人》写的是人在荒谬的世界中孤立无援，身不由己。"而其构思，在 1937 年 8 月《记事》中，他写道："一个在自身境遇（婚姻、地位等）中寻找生活的人，突然，在翻阅一本时装杂志时发觉他过去同他的生活是毫不相干的（生活是指在时装杂志中所谈到的那种生活）。第一部分：他的生活至此为止。第二部分：要钱。第三部分：不再妥协及自然中的真理。"

在另一处，他把这部小说的主题概括为一句话："在我们的社会里，任何在母亲下葬时不哭的人都有被判死刑的危险。"

加缪想要告诉我们，这种近乎可笑的说法，隐藏着一个十分严酷的逻辑：任何违反社会基本法则的人必将受到社会的惩罚，而这就是人的生存的荒谬性。

加缪用"局外人"界定默尔索这个人物，并通过人生存于他自身之外的"局外"这一现象，来揭示现代生活所具有的荒谬性。在此，表现、构成并使小说主人公默尔索成为"局外人"的有多种元素，其中之一就是现代人的局外化的生存状况。

《局外人》标题所蕴含的意义是：人在世间常有陌生之感，有如找不到归宿的异乡人。小说从男主角的母亲去世开始，到他自己因杀人而被判死刑结束，中间的过程多是"茫茫然"地活着和行动。其间，默尔索偶尔也有清醒的片刻，譬如牧师到监狱探望他，给他死前赎罪以便死后有升天堂的机会，这时他清楚地知道，宗教岂是人们落水时的一根浮木？简单一句"信就得救"又怎么能化解困扰一生的茫然？

在写于《局外人》前但并没有出版的另一部小说《幸福的死亡》中，主人公梅尔索也是一个"局外人"。梅尔索对小说中的另一个人物扎格尔说："几年以前，我的前程广阔，别人同我谈到我的生活，我的前程，我完全赞成，我甚至着手做了起来。可就在那时，这一切对于我来说已是不相干了。我努力使自己无个性，这才是我所操心的事。不追求幸福，'反对幸福'。"由此，生成一种对周围世界的冷漠和漠不关心的"局外化"状态。

加缪的"局外人"概念，所揭示的人的存在现象是：一个现代人在自己的生活中，变成一个认识到世界是荒诞的怀疑主义者，他不适应荒诞的社会生活，不愿意扮演社会所规定于他的角色。默尔索的悲剧就在于，他所生活的那个社会不能容忍像他这样一个"局外人"的存在。正如彼得·鲁尔《加缪与萨特的争论》中谈到默尔索悲剧原因时所说，"正因为他是一个陌生人，一个局外人，一个其生活方式看来对现存秩序是一种无声威胁的人"。

加缪在《西西弗的神话》中，也曾申明人被局外化的荒谬境遇。他说："在突然失去了光明和幻想的世界上，人感到自己是局外人。这种流放是不可补救的，因为他既无从回忆失去的家园乐土，也无从觊觎未来的希望之乡。"

加缪揭示的人的局外化，具有现代人生活的特征，即人在社会面前将强制实行自我转变，如果有谁不能很好地完成这一转变，那么他将注定成为局外人。在这种充满荒谬感的情形下，人只有自我孤立地生存。默尔索在社会强大的秩序面前，并不企图改变什么，而是生活在自己的主观意念中，把世界变成自己。通过对自身存在状态的选择，实现自我价值，自我意义，由此这种自愿的自我孤立——某种形态的自我放逐——成为一种生活方式。加缪的女儿卡特琳娜·加缪在接受英国记者威尔金森专访时说："局外人不是加缪，但在《局外人》中却有加缪的某些特征，有那种被放逐的印记……他从知识分子圈子里被放逐。那是一种彻底的放逐。仅仅是因为他的感性先于理性的思考方式。"

人的生活的局外化，使人的生存成为一种边缘存在。加缪在为美国大学出版社出版《局外人》写的序言中，对自己的意图作了明确的说明："很久以前，我曾用一句话概括《局外人》的意思，今天，我承认这句话违背常理：'在当今社会中，在自己母亲下葬时不落泪的人可能会被判死刑。'当时我想说的仅仅是书中的主人公被判死刑，因为他不玩花招。从这个意义上说，他是他所生活的那个社会的局外人，他在孤独的、耽于色情的私生活边缘地区游荡。因此，一些读者曾把他视为穷途潦倒者。若读者自问一下默尔索在哪些方面不玩花招，那么，他对于这个人物就会有更准确、更符合作者意图的想法。答案是简单的：他拒绝撒谎。撒谎不仅仅是说并不存在的事。这也是，尤其是在人情方面说出的东西多于存在的东西，说出的东西多于自己感觉到的东西。这就是我们每人每天所做的事，目的是使生活简化。默尔索同他的外表相反，不愿简化生活。是什么，他就说什么，他拒不掩盖自己的感情，社会顷刻感到受到了威胁。譬如，法庭要他按照神圣的规矩说自己对所犯的罪行深深地后悔。他回答说，在这方面他感到更多的是厌倦而不是真正的懊悔。正是这种说法使他被判死刑。"

在此，加缪所说的在"生活边缘地区游荡"，就是人的一种边缘存在。自从这一概念产生出来以后，便成为现代重要的学术概念。而许多当代学者则对加缪所揭示的这一边缘存在现象进行了进一步研究。研究者认为，加缪所揭示的人的局外化这种"荒谬"现象，与存在主义哲学的源头哲学家海德格尔在《时间与存在》一书中所揭示的"烦"、存在主义哲学家萨特在小说《恶心》中所揭示的"恶心"暗合。

冷漠

如果说荒谬使人变成了一个局外人，那么，这个局外人的各个方面的生活也随之发生了本质的变化。在人的情感生活上，人开始缺乏真正存在意义上的生活热情，而变得"冷漠"起来。

人的情感是人的生活的一个重要方面。加缪在《西西弗的神话》中分析，从荒谬中可以得出"三个结果：我的反抗，我的自由和我的情感"。在诸多荒谬世界里生出的情感中，最重要的一种就是"冷漠"。对此，加缪说："人将最终在这个世界里重新找到荒谬酿造的美酒和冷漠做成的面包，人的伟大正是以此为养料的。"人的情感生活中的"冷漠"，正是构成《局外人》主人公默尔索成为"局外人"的多种元素中的一种。

默尔索生活中的奔丧、结婚和判刑这三件事，是普通人会面临的三件重要的生活事件。但是，对于母亲的死亡和安葬，默尔索是冷漠的；对于爱情和婚姻，默尔索是无所谓的；对于监禁、审判和死刑，默尔索则是无动于衷的。从客观境遇上讲，默尔索是主要当事人；但从主观态度上看，他却是一个局外人，好像这些重要的事情都是别人的事，与他无关似的。在这里，人物的主观态度同人物的客观遭遇显得如此反常，如此不协调。

为了形成对比，加缪在主人公身边安排了门莱兹、玛丽和辩护律师这三个人物，用他们对于事件的积极态度，来同默尔索的冷漠态度相对照。门莱兹是母亲生前的异性"好友"，对于自己心爱女人的死，他在送葬途中的行为，表明他的悲痛是深沉的和由衷的。玛丽是默尔索的女友，是"未婚妻"，她对爱情是真挚和热烈的。辩护律师对待默尔索的案子，对于默尔索的命运和生命，比默尔索本人更为关切。

同他们相比，默尔索对待自己所遭遇的生活事件俨然是一个局外人。我们看到，默尔索对人生几件大事所表现的态度是漠然的，他的话也是单调而枯燥的。默尔索是那么冷漠，从参加母亲的葬礼到偶然成了杀人犯，再到被判处死刑，他似乎对一切都无所谓，简直像个纯感官的动物，没有思考，冷漠地存在着。

在对母亲的感情上，他是冷漠的。他不为母亲的死而悲伤、哭泣、难过。这种离奇的情感，来自加缪本人与母亲的奇特关系。在他早年出版的记录自己生活的论文集《反面与正面》中，有一篇文章《是与非之间》，其中记录了加缪与母亲的关系。当年轻的加缪得了肺病以后："有一件事，他始终无法理解，这就是当儿子身染重疾时，这位母亲的离奇态度。当最初病兆出现时，他咯血不止，他母亲并没有惊恐；当然，她显得不安——但这是一个感情正常的人在自己的亲人头痛时显出的那种不安。然而，他知道他母亲内心波动极大，他还知道他母亲对他怀有深情。得病之后，她并没有照料他，这种病会拖很长时间的，照顾他的是一位舅舅。他母亲对此没什么多说的。她常去这位舅舅家看自己的儿子，打听他的健康状况。'你好些了。'不错。于是她便默不作声，两人面对面，绞尽脑汁找些话来说。有人告诉他看见她哭过。她并非不知他病得不轻，但她依然露出这种叫人吃惊的无动于衷。更令人惊奇的是他并不曾有过责怪她的想法，某种默契把他俩连在一起了。"此外，在写《局外人》时，加缪的外祖母正好刚刚去世。

冷漠的默尔索还把自己的女友当成可有可无的某种物体。当玛丽问他"愿不愿意和我结婚"时，他以干巴巴的话无可无不可地回答说"怎么样都行"。玛丽说"结婚是件大事"，他却回答说"不"。

默尔索在海滩上杀人仅仅是因为太阳照得人失去常态，这看起来真是显得荒谬，可事实就是如此。他在"天气炽热""天旋地转"的"恍惚之中"开枪了，开枪杀死了那个阿拉伯人。开枪前，他保持着与众不同的生活态度所需要的勇气，他略微具有一点"英雄"的特质，但开枪却使他变成了一个懦夫，因为不是必须开枪的，他当时所处的环境并没有逼迫他非开枪不可，开枪意味着他已无力继续坚持他那过于独特的生活道路。

对世人普遍尊重的神圣的事情，默尔索也表示漠然。默尔索始终游离于社会加诸他身上的角色之外，没有按这个世界公认的规则去玩游戏，也没有为自己蒙上感情的面纱。别人认为他该哭的时候他没有哭，该说谎的时候他拒绝说谎，也拒绝假装悔过。默尔索冷漠、沉默，至死无悔。加缪用简单明晰的语言表现了默尔索的生活场景：单调乏味，从而烘托出人在现实社会中的孤独感、陌生感。因为在一个荒诞的世界里，他保持了清醒的理性，始终忠实于自己。

默尔索就是加缪心目中那种"义无反顾地生活""尽其可能地生活"的人，他声称自己过去和现在都是幸福的。这正符合加缪的想法："幸福和荒诞是同一块土地上的两个儿子"，幸福可以"产生于荒诞的发现"。默尔索是在监狱里获得荒诞感的，这种感觉惊醒了他。

冷漠，是人的亲情、友情、爱情等情感的荒谬性的表现形态，是一种"无动于衷"。作为荒谬哲学的根基的这一思想，早在1937年加缪出版的《反面与正面》论文集《是与非之间》一文中就已出现。这篇文章的末尾说："对一切，对我本身的宁静而原始的无动于衷。"但是，这种"无动于衷"不是冷酷的，而是对人、对世界怀抱善意的。加缪在《记事》中对评论家理解《局外人》的主题时说："无动于衷，他们这样说，这词很糟。善意将更合适。"

在此，加缪想要告诉人们的是：默尔索是一个象征性的符号，代表了一种普遍的存在情感，即消极、冷淡、无动于衷；与此同时，在人的内心又存在着一种沉默的深厚情感。换句话说，在这个奇异的现代世界中，人的自然亲情被外在的冷漠所包裹。这种情感的奇异现象，无疑具有一种象征意义，表达了人的生存的荒谬性。

三、囚禁状态：《鼠疫》

《鼠疫》的写作

存在主义哲学家认为，"局外"的存在是现代人的一种荒谬生存方式，而"囚禁"则是现代人的另一种荒谬生存方式。这一思想，是加缪在他的另一部著名小说《鼠疫》中所揭示的。

在加缪和他的第二任妻子、奥兰姑娘富尔结婚后，他就同妻子前往奥兰。富尔在学校里当代课教师，加缪则去一所名叫"法语学习"的私立学校教书。在这期间，加缪完成了《西西弗的神话》，还在写作小说《鼠疫》。

1940 年底，法军大溃败，加缪不得不流亡奥兰。加缪当时所住的奥兰小城，为小说提供了背景，在小说里可以看到有关奥兰城的描写。处于德国法西斯强权统治下的法国人民，就像欧洲中世纪鼠疫流行期间一样，长期过着与外界隔绝的囚禁生活。他们在"鼠疫"城中，不但随时面临死神的威胁，而且日夜忍受着生离死别痛苦不堪的折磨。在占领地，人们所见的是官僚机构、集中营、隔离、同亲人分离、粮食配给、黑市交易、秘密偷渡……小说中许多细节取自于当时的法国。

1941 年至 1942 年期间，阿尔及利亚流行斑疹伤寒，严重的流行病为加缪提供了现实的素材。"斑疹"一词来自意大利语，其词源即鼠疫。农村居住区死者无数，就像小说中的奥兰城一样，整区整区地被划为禁区，切断了同外界的往来。据估计，1941 年得病人数达五点五万，1942 年达二十万，死亡率为百分之三十。

在谈到当时的写作时，加缪这样概括道："《局外人》写的是人在荒谬的世界中孤立无援，身不由己；《鼠疫》写的是面临同样的荒谬的生存时，尽管每个人的观点不同，但从深处看来，却有等同的地方。"《局外人》描写的是人与人之间发生的荒谬事件，而《鼠疫》描写的则是人与自然之间发生的荒谬事件。

1943 年初，小说初稿基本完成。后来又经过多次修改，小说中的人物也有所变动。从构思到定稿，作者用了七年时间。1947 年 6 月 10 日，在加缪离开《战斗报》几天之后，《鼠疫》问世。

这部小说的成功是空前的。到 9 月，加缪给他的朋友米歇尔和雅妮娜·伽利玛写信说："《鼠疫》已出版九万六千册。"后来的两年中共出版了十六万一千册。五十年来，这部小说被译成二十八种文字，一直畅销不衰，并创下全球一千二百万册销量的发行纪录。后来，法国人于斯特将它改编成话剧，上演后曾创下法国小剧场话剧演出场次的新高，盛演不衰。

故事梗概

《鼠疫》是一部寓言体小说，是一篇与法西斯主义抗争的寓言。

故事发生在 20 世纪 40 年代某年 4 月 16 日清晨，家住阿尔及利亚奥兰城的贝尔纳·里厄医生，在住所的楼梯口发现了一只死老鼠，过去这里从未有过老鼠，这令他吃惊。紧接着，当天晚上他又发现一只老鼠在走廊里吐血而死。但里厄医生还顾不上多想，因为他太忙了。妻子身患重病，这天他去车站送妻子到外地疗养，下午又接待了一名来自巴黎的新闻记者朗贝尔，他是一家大报派来采访有关阿拉伯人的生活和健康状况的。

两天后，奥兰城里到处都是死老鼠。里厄医生楼里的人们也病了，发高烧，呼吸困难。其他地方也出现了类似症状的病人，里厄医生认定这是鼠疫。

经他呼吁，市长采取了紧急措施。此时，鼠疫已经蔓延，全城宣布封锁隔离。只有生死大事经过批准才能对外联系。医生收到妻子病危的电报，但他已无法顾及，他尽一切努力以减少死亡人数。记者朗贝尔被鼠疫吓坏了，他要里厄医生给他开一张证明离开奥兰，以赶回巴黎与情人团聚，遭到里厄的拒绝。后来，朗贝尔被医生的言行所感动，放弃出城的企图，和里厄医生一起抢救病人。

在这紧急关头，只有两个人行为反常。一个是与里厄医生同住一楼的科塔尔，在大家都忙于对抗鼠疫时，他却企图上吊自杀；另一个是帕纳卢神父，他代表教会宣布鼠疫是神对人的惩罚，死去的人是罪有应得。但是，当一些无辜的孩子也患病死去时，帕纳卢改变了看法。后来，他自己也被传染上鼠疫，接受神的惩罚，平静地死去。

第二年春天，鼠疫的势头渐渐减弱，人们开始面露喜色，唯独科塔尔惶惶不安。原来，他在鼠疫流行前就犯过案，所以要自寻短见。鼠疫流行后，他反而自由自在，继续走私犯法，并希望鼠疫一直蔓延下去。当鼠疫结束的公告发布时，他害怕受到惩罚，躲在屋子里，向欢呼的人群开枪，被警察逮捕。

此时，里厄医生收到了妻子病逝的电报，而朗贝尔则和从巴黎赶来的情人在车站上紧紧拥抱。里厄医生感慨万千，他要把自己的所见所闻写下来，因为鼠疫杆菌并没有消灭，威胁始终存在，今后也许还会给一个不幸的城市带来灾难与死亡。

小说虚构的鼠疫流行的故事，涉及的都是有关道义、政治、哲学等重大问题。其中的人物、情节、内容都具有象征意义：以鼠疫象征法西斯势力对各国的侵略，以鼠疫流行的奥兰城象征受德国法西斯侵略的法国，以市民们的抗鼠疫斗争象征法国人民的反法西斯斗争，以里厄医生的自我牺牲行为象征法国抵抗战士的斗争精神。

囚禁

关于《鼠疫》所要揭示的主题思想，加缪在1942年《记事》中写道："我想通过鼠疫来表达我们曾经遭受的压抑和我们生活在其中的威胁和流亡的气氛，同时，我想使这层含义扩展到一般意义上讲的生存概念。"在为这部小说所写的出版说明，即"请予刊登"中，加缪写道："故事很简单……从某种意义上说，故事也相当普遍。"可见，"鼠疫"是作为加缪所要确立的"生存概念"出现的，而这种生存也是"相当普遍"的。那么，它的真切的哲学含义是什么呢？应该就是他在小说卷首引语中所说的"囚禁"。加缪在卷首引用了《鲁宾孙漂流记》作者笛福的话："用另一种囚禁生活来描绘某一种囚禁生活，用虚构的故事来陈述真事，两者都可取。"这句卷首语对于理解《鼠疫》的主题思想是非常重要的。也就是说，"囚禁"被加缪用来指称人类生存在囚禁地的压抑和流亡气氛，从而使生存成为某种荒谬性的生存。

"鼠疫"作为一种自然灾害，作为一种造成荒谬性的恶，变成一股对人加以"囚禁"的力量。这说明，荒谬不但是那种使人变为"局外人"的力量，还可以是将人禁锢并隔离的邪恶力量。

"囚禁"无疑是加缪想要表达的现代人的一种特别生存状态。那么，由邪恶而来的荒谬，会使人身处在一种什么样的囚禁状态呢？"鼠疫"或恶造成了人被囚禁的生活，在小说中，加缪对此进行了描述："如果换一种环境，我们这些市民会在寻欢作乐、忙忙碌碌之中去寻找排遣。但是此时此刻，鼠疫却使他们无事可做，只好在这阴沉沉的城市里兜来兜去，日复一日地沉湎在使人沮丧的回忆中，因为当他们漫无目的地在这小城中闲步时，走来走去总是那么几条街道，而且大部分还是前一时期同现在已不在身边的亲人一起走过的街道……从此我们重又陷入被囚禁状态，我们只有怀念过去。

即使我们中有几个人寄希望于未来，但当他们受到了相信幻想的人最终所受到的创伤，他们也就很快地、尽力放弃了这种奢望。"

在另一处，在等待瘟疫终结时，加缪描述了被"鼠疫"囚禁的生活是充满恐怖的："这一对对欣喜的情侣紧紧拥抱着，默不作声，在纷乱中，显露着最终取得胜利和幸福生活曾遭不测的神情，这表明瘟疫已经结束，恐怖已成为过去。他们平静地、不顾最明显的事实否认我们曾经生活在这个失去理性的世界里，杀害一个人就像打死一只苍蝇一样平常；否认我们曾经经历过这种不折不扣的野蛮残忍、这种精心设计的狂乱，以及这种监禁，随之而来的是给予非现时的一切以极度自由，还有那股让一切幸存者变成痴呆的死亡气味。他们还否认我们曾是被吓得目瞪口呆的民族，每天都有一部分人的尸体被成堆地卷进浓烟滚滚的焚尸炉，而另一部分人无能为力，惊恐万分，在那里束手待毙。"

在被囚禁的生活中，"他们意识到没有理由不相信疫病会持续到半年以上，可能是一年，甚或超过一年。这时他们的勇气、意志和耐心一下子都垮了，垮得这么突然，以致使他们感到好像再也爬不起来。因此他们强制自己不再去想解放的日期，不再去展望未来，或者可以强制自己一直垂着脑袋过日子……不是在那里过日子，而是在不住地浮沉，被遗弃在没有定向的日子里和毫无结果的回忆之中，就像一群漂泊不定的幽灵，除非甘愿生根于痛苦的境地，否则便无立足之地"。

在囚禁中，人变成了囚徒。在这种生活中，"他们体验了一切囚徒和流放者的悲惨遭遇，那就是生存于无益的回忆之中。他们无时无刻不在留恋着过去，而感觉到的不过是惆怅。他们真想把同现在所盼望着的亲人以前在一起时能做而未做的事情都补进过去的回忆中去。同时，在他们的囚禁生活中，脑海里无时无刻不印上在外地亲人的影儿，即使在比较愉快的情况下也如此，因为他们当时的实际处境不能使他们得到满足……如果说这是一种流放，那么大多数的情况是放逐在自己家中"。

在这里，加缪告诉人们，被囚禁的生活，是失去了自由的生活，因而也是充满了恐怖的生活。

分离

囚禁作为一种使人与外界、与世界、与他人相隔离的力量，阻断了人与人本应该具有的亲密无间的融合，造成了人与人的分离。对于这一与人的荒谬性相关的思想，加缪称之为"玻璃隔板"。

加缪早在 1939 年《记事》中说："妻子同她丈夫生活在一起却丝毫不理解他。有一天他在电台上讲话。她被请到玻璃隔板后，她能看到丈夫，却听不见他的声音。他只是在那里做各种手势，她所见的就是这些。她第一次注意到他的躯体，就像一个物体的存在，也像一个牵线的木偶。她离他而去。'正是这个木偶每天晚上趴在我身上。'"

作为荒谬的表现之一，这种使人相隔离的囚禁，加缪最初在《西西弗的神话》中称之为"玻璃隔板"。加缪在《西西弗的神话》中专门设计了一章《荒谬的墙》，用以专门研究人的生存隔离问题。加缪说："一个人在玻璃隔板后打电话，别人听不见他说些什么，但可看到他的手势，而不明其意：人们会自问，这个人为什么活着。"

在小说《局外人》中，使主人公默尔索成为"局外人"的多种元素中，"玻璃隔板"也是其中的一种。对于加缪所作这一揭示的真正用意，萨特在《〈局外人〉释》一文中提示说："加缪的手法就在于此：在他所谈及的人物和读者之间，他插入一层玻璃隔板。有什么东西比玻璃隔板后面的人更荒诞的呢？似乎，这层玻璃隔板任凭所有东西通过，它只挡住了一样东西——人的手势的意义。有待做的是选用玻璃隔板：这便是局外人的意识。"

"玻璃隔板"所揭示的是人的荒谬存在的一个表征。它意味着，人与置身其中的世界之间存在有一种不可避免的疏离，这种疏离也存在于人与人的关系之中。因之，加缪号召我们关注这种疏离，并努力克服这种疏离，使人更亲密地团结在一起。

人的分离是《鼠疫》的基本主题之一。在"鼠疫"这一特定的生存背景中，人们遭受到的是亲密融合的反面。它意味着痛苦和死亡的恐怖、圈禁、流亡、分离，意味着"在自己家园的流亡与分离"。据加缪的好友、法国作家罗歇·格勒尼埃说，"流亡"一词出现在"请予刊登"中。加缪最初想给这部作品取的名是《流亡者》。他为《法语领域》写的文章取的名是《鼠疫的流亡者》。在《鼠疫》通篇中，作者一再强调分离这一思想。这是他在战时最强烈感受的一种考验。在加缪为写《鼠疫》作的笔记中有这样一句话："我觉得这个时代最大的特点是分离。"还有："所有的人都退缩到孤独中，以致分离成为普遍现象……这样，分离就变成小说的重大主题。"

1943 年末至 1944 年初，加缪在为《鼠疫》所写的笔记中记下了这些想法：

"分离是普遍现象。其余的只是偶然情况。"

"——可是人们始终聚合在一起——有些偶然情况持续一生。"

在小说中，加缪描述道："从这时起，鼠疫可说已与我们人人有关了。在此以前，尽管这些不平常的事件使本城居民感到意外和忧虑，但每个人都能够各就各位照常办理自己的事情，而且看样子这种情况一定会持续下去。但是一旦城市封闭，他们就发觉大家包括作者在内，都是一锅煮，只有想法适应这种环境。情况就是这样，一种与心上人离别那样的个人感情就在开始几个星期中一变而为全城人共有的感情，而且还夹杂着一种恐怖之感，这就成了这种长期流放的生活所带来的最大的痛苦。

"封城的最突出的后果之一，是人们突然面临事先毫无思想准备的分离。有些母子、有些夫妇和情侣在几天前分手时还只作了暂时离别的打算，他们在车站的月台上说了两三句叮咛的话后拥抱道别，满怀着人类愚蠢的信心，以为过几天或至多过几个星期肯定又能见面，亲人的别离对他们的日常事务几乎没有什么影响，可是突然一下子，他们发现自己已陷于远离亲人、无依无靠，既不能重逢又不能通信的绝境。

"他们时时碰撞在一堵高墙上，它把他们所在的疫区和远在天涯海角的家乡隔离了开来。"

实际上，人的分离问题也是加缪对整个人类的荒谬性进行分析的主要组成部分之一。1944 年 12 月，加缪在《战斗报》发表的一篇关于战俘问题的社论中，再次强调了人与人的分离的思想，并将这种"分离"视为当前时代的特征。他说："法国的男人和女人们已经等待了五年。五年前，他们心怀痛苦，无望地与时代抗争，与想到远方亲人正在衰老的念头抗争，为已逝去的爱情和幸福的年华而奋争。是的，这个年代是分离的年代……"又说："我不想在此把我对分离的真实想法说出来。我认为分离是普遍现象，团聚只是少数例外情况，幸福纯属无限的偶然，但这样说并不合时宜。"

1945 年，加缪这样写道："在被遣返回国的俘虏中，离婚率达 80%。80% 的情人经不住五年的分离。"

在当时历史演进中，分离现象日渐被加缪所聚焦。他在搜集各种历史的、医学的、流行病学的研究资料，从古希腊《伯罗奔尼撒战争》中所描写的雅典瘟疫，到中世纪作家薄伽丘《十日谈》中所描写的 1348 年肆虐全欧的佛罗伦萨鼠疫……

如果说日常中的短暂分离给人们的生活造成不便的话，那么鼠疫通过囚禁而造成的长时间分离则是人们生活中的巨大不幸。这种分离所造成的不幸，会部分地摧毁人的尊严，乃至毁掉整个人生。在《记事》中，加缪写道："鼠疫：很重要。'因为他们扔给你食品并造成生离死别的痛苦，而你就得俯首帖耳，唯命是从。'"在这种特殊的生存状况下，分离状况产生了人对另一个人的"俯首帖耳，唯命是从"，从而产生了奴役。在加缪看来，这是一种真正意义上的人对人的奴役。囚禁，分离，它们作为恶而产生的人与人之间的隔离，这种巨大的不幸和痛苦，不单单是肉体上的，更是心灵上的，乃至人格尊严上的。

反对恶的战斗

加缪在揭示出了生存的荒谬这一现象之后，并未就此止步，而是进一步向人们指明了如何走出这荒谬的路径，确立了反抗的立场，通过反抗，人最后走向阳光生活。在《鼠疫》中，加缪表达了这样的观念：当灾难发生时，人们要团结起来，共同战胜灾难。这里表现的是一种加缪式的抗争精神。

在《鼠疫》中，人们可以看到一组与恶（鼠疫）抗争的平凡的英雄群像：

小说中的里厄医生，不再像《局外人》中的默尔索那样对一切都漠不关心，甘做一个局外人，而是积极地参加到与不知从何而来的瘟疫展开的斗争中去，成为一位在"荒谬世界"向恶势力斗争、为拯救人类命运作贡献的英雄。在斗争中，里厄医生不顾个人安危，妻子的病危虽使他不安，但他更关心的是大批病人以及不断死亡的鼠疫患者。他不相信什么神对人的惩罚，他说："应该让人们尽力与死亡作斗争，而不必眼望着听不到天主声音的青天。"他每天工作二十个小时，组织救援工作，一切都是为了他人。里厄医生看到爱情、友谊和母爱给人生带来的幸福，看到了只有道德高尚、勇于奉献的人联合起来，才能战胜瘟疫，人类社会才有一线希望。当鼠疫之灾终于被战胜时，他首先想到的是如何告诫后人，防止鼠疫杆菌卷土重来，祸害人间。这是在告诉人们：在"荒谬世界"里，人可以积极、自由地选择，而不是无所作为，可以以自己的行为去感化他人，使正义最终战胜邪恶，将"荒谬的世界"变成"光明的世界"。

小说中的克朗，是一个卑微者，在对抗鼠疫的斗争中，他竭尽所能把事情做好。书中说："倘若男人们执意要给自己树立学习的榜样和模范，即他们称作英雄的人，倘若在这个故事中，必须要有一个这样的人物，那么叙述者恰好推出了这位无足轻重、默默无闻的英雄，他有的只是善良的心和显得可笑的理想。这使他身上的一切具有真实性，使四是二加二之和，使英雄主义退居次要地位，即他本身应有的位置，永远排在追求幸福的慷慨要求之后，而不是之前。"

记者朗贝尔对这个城市来说是个外来人，这个初恋者急于离开这个危险的、到处都是死亡的城市，去会他心爱的女友，但他却只能身不由己地待在城里而无法脱身。后来他的思想转变了，留了下来，同人们一起共同与鼠疫作斗争。他说："我过去一直认为自己同这个城市无关，我同你们毫不相干。可现在，我看到了我所见到的一切，我明白我是这城市的一员，这不由我自己决定。眼前发生的事同我们每个人都有关。"于是加入了反抗鼠疫的行动。

这些平凡的人物进行的抗争，实际上是一种摆脱恶和战胜恶的共同行动。加缪在《记事》中谈到里厄医生的拯救行为时说："人并非无辜也并非无罪。如何从中摆脱出来？里厄（我）想说的，就是要治疗一切能够治疗的东西——同时等待着得知或是观察。这是一种等待的姿态，里厄说：'我不知道。'"这种摆脱是一种未知的解脱前时刻，而它的实现则是只有通过抗争才能完成的。

四、流亡状态：《流亡和王国》

流亡概念

加缪研究现代人的荒谬性时，发现人在生活中发生的地缘内的流动，会在特定时代条件下转变成为一种荒谬性的流亡。加缪本人的生活就是处在不断流动中的。他对流亡有极深切的感受，比其他许多人对流亡更为敏感。据加缪的好友罗歇·格勒尼埃说，在加缪的一生中，有相当一部分时间是生活在流亡中的。1941年他在奥兰养病，在这个城市中一直待到1942年。后来，他想置身于知识分子中间，但《反抗者》引起的争论，使他处于孤独的境地。

加缪所说的流亡，是作为人的生存的一种特殊状态存在的，是现代生活的荒谬性的表现形态之一。流亡状态带给人的是生活的不幸和心灵的痛苦。但是，加缪并不认为人身处在流亡之中就不再有希望摆脱它，相反，流亡也向人预示了种种出路，种种走出痛苦之地的契机。加缪说："流亡以它自己的方式向我们指明各条道路，唯一的条件是我们善于在流亡中同时拒绝奴役和占有。"也就是说，在流亡中，人仍有对通往自由之路加以选择的诸多机遇。

1957年，加缪出版了小说集《流亡和王国》。这部书原定收入七篇小说，后来加缪在1956年将小说《堕落》提前单独出版。这样，这部小说集共收入六篇：《淫妇》《叛徒》《哑巴》《宾客》《约拿》《生长的石头》。关于这部小说集的共同主题，加缪在"请予刊登"中指出："这个集子……只有一个主题，即流亡，以六种不同的方式进行阐述，从内心独白到现实主义的叙述。"这样，加上原定的《堕落》，实际上是以七种方式阐述流亡，包括精神的和地理的等等。

在这里，加缪通过七篇小说，通过不同的人，男人和女人、传教士、匠人、教师、画家、修士和律师等，来描述不同的"不在自己的家园里流亡"或"在自己的家园里流亡"的生活状态。

六篇小说中的第一篇《淫妇》描述了作坊女徒工雅妮娜的故事。1952年12月，加缪独自驱车到阿尔及利亚南部地区旅行，在这次旅途中产生了小说《淫妇》的灵感。

灿烂的南方夜晚，一个生活平庸、乏味、在毫无乐趣的作坊当徒工的女人雅妮娜，和男伙伴激发了情欲。在这情欲的爆发中，她的躯体已经迷醉，夜空群星中的银河，像精液般洒落在她身上。这一对男女，他们只是出自对死亡的恐惧才结合在一起，并持续下去，狂乱攫住了男人们，"并把他们拼命抛向女人的躯体，他们毫无欲望地在女人身上埋下孤独和夜晚使他们看到的那些可怖的东西"。而那些为数极少的能独自睡觉的人们，"就每天晚上和死亡同睡在一张床上"。

在《淫妇》中，流亡被描述为人的苦难和弃绝的苦行王国，是在荒漠中流浪的贫苦。加缪写道："在这辽阔国土上的被榨干的干旱土地上，几个男人永不停息地向前走着，他们一无所有，但也不为任何人效劳。他们是古怪王国里的贫苦而自由的领主。"但是，在荒漠中，人们还是看到了风和阳光。棕榈树林里的风发出"河水哗啦声"，下午的阳光变得"明亮"。它们是人的生活中存在的美好元素。

《叛徒》所写的故事也发生在南部。在这篇小说中，揭示的是人的心理流亡。一位传教士想方设法要去一座未开化的禁地去传播爱，宣扬恕道。但是，他的导师们用"卑劣的欧洲"欺骗了他：蛮人是无法开导的。可怜的传教士确信"善是梦幻……以善治世是不可能的"，因此，他钟爱起恶来。他想谋杀即将到来的新传教士。就在最后时刻，他病态的心理发生了突然转变，他又重新变得善良、友爱、仁慈。

《哑巴》的故事发生在桶业作坊里，主人公用不着语言而生活在世界上。他的生活是这样的："水深而清澈，烈日，少女们，躯体享受生活，在他的国度里，并无其他幸福。"那种生活在阳光下，享有美好的躯体之爱，是自然朴实和纯真的。

《宾客》的故事也发生在南部大高原，离"面朝荒漠的山路岔口"不远的地方，小学教师达吕独自生活在寒冷中。但他出生在阿尔及利亚，"他处处感到自己是名流亡者"。在艰难的生活中，他几乎过着沙漠中隐士般的生活，他觉得自己是个"王爷"。达吕是一位非暴力主义者，他处在两个互相冲突的社团夹击之中，"在这片他曾经如此热爱的辽阔国土上，他是孤独的"。揭示了人在与他人的关系中的迷失和流亡。

《约拿》讲了一个画家的故事。这位画家成了名画家之后，一群世俗之徒、朋友、学者和门生蜂拥而至，将他团团围住。起先，他们不让他发挥自己的灵感，而让他乞灵于"任性，艺术家的这位卑贱之友"，最终，这些碍事而自私的人竟完全阻止他工作。后来，画家又重返孤独，又有了创作灵感。这部作品极富自传色彩，它展示了加缪20世纪50年代在生活中遇到的种种无法忍受的事情。这个故事揭示了才华、成功和荣誉，如何造成一个人和他所爱的人们的幸福，变成烦恼和不幸。在小说的末尾，作者说，"休戚相关"和"孤独"也许是一个词。揭示了人在事业中的流亡。

《生长的石头》发生在热带丛林中，加缪在这里选用了自己在巴西旅行见闻中的一些场景。这里是"自己的乡土"，在像海一样辽阔的河畔，在酷爱跳舞的民族中间，正赶上宗教仪式中最野蛮的场面。主人公达拉讲述了过去的流浪生涯，头顶一块六十公斤的石头苦修。最终，他的流浪生涯在友爱中告终。

失去纯真

加缪认为，现代人流亡式存在的结果，就是失去了人的纯真本质。这一思想是加缪在43岁时写的、发表于1956年的中篇小说《堕落》中所揭示的。

写这部小说前，加缪和萨特等人的论战使加缪陷于孤立，很长一段时间写不出东西。在隐退和孤独中，加缪写下了《堕落》这篇小说，从中我们可以感受到加缪被攻击后留下的伤痛。当初，加缪曾想把它定名为《当代英雄》。

在小说《堕落》中，他向人们展示：在一个陌生的地方（流亡），人被陌生人所包围，唯一真实的是痛苦。加缪在为这本书所写的"请予刊登"中说："《堕落》中说话的人在作经过预先考虑的忏悔。他躲避在阿姆斯特丹这座运河贯穿的、寒冷的、光亮的城中，他扮演成酋长和先知的角色，这位前律师在一家令人生疑的酒吧间里等待自鸣得意的听众。他是个新派人物，就是说他不能忍受被人评判。因此他急于自责，但这是为了更便于指责别人。他照的那面镜子，最终用于照别人。忏悔从哪里开始？指责又从哪里开始？书中说话的人在自责，或在批评他所处的时代？他是一个特殊的人，或是一位知名人物？在这个精心设计的镜子游戏中，唯一真实的是：痛苦，以及痛苦所许诺的东西。"

小说《堕落》的主人公是过着独身生活、40 岁的让-巴蒂斯特·克拉芒斯，原先在巴黎当律师，现在则生活在阿姆斯特丹。他从事着一种很奇特的职业：法官兼忏悔者。一天夜里，他走上塞纳河的艺术大桥，周身涌起"一种功德圆满的巨大感情"，正准备点起一支"满足的香烟"，突然"一阵笑声"在他背后响起。然而，四周空空如也，既无人，也无船，只有塞纳河滔滔西去。紧接着，他又听见了那笑声，那笑声却顺流而下，渐行渐远……他回到家里，又听见窗子下有人在笑，打开窗户一看，原来是"有些年轻人在快活地告别"。他进了浴室想喝杯水，他的脸在镜子里微笑，这使他感到自己的微笑"似乎具有双重性"。"笑声"打破了克拉芒斯的内心平静，他开始回顾自己的事业和生活。最后，他发现自己一直过着双重的生活。

克拉芒斯感觉到笑声是神秘的。原来，在他听见笑声之前的两三年：半夜一点钟，克拉芒斯走上卢瓦亚大桥，一个腰身纤细、身着黑衣的女人正凭栏望着流水，他只在深色头发和大衣领子之间的后脖颈前犹豫了一下。他过了桥头，走上滨河路，却听见身体跃进水里的声音，他立即站住了，但未回头。

069

几乎同时，他听见一声呼叫，重复了好几次，顺流而下，然后戛然而止。夜色突然凝固，他觉得随之而来的寂静无边无际。他想跑，却仍伫立不动。软弱，或缺乏行动的能力，使他只能想："太晚了，太远了……"他冒着细雨，走远了。

他没有把这件事告诉任何人。但两三年之后，它发展成了无缘无故的一阵笑声。首先是他的微笑具有双重性，接着他的身体出现了某种沉默，然后他莫名其妙地感到虚弱，难以恢复好兴致。克拉芒斯被震动了，承认自己有两副面孔。克拉芒斯不能忘怀童年的纯洁和无辜，成年后的克拉芒斯"失去了光明，失去了早晨，失去了那个自我原谅的人的纯真"。他希望那个年轻女人再往水里跳一次，给他一个救人和自救的机会。"现在太晚了，将永远是太晚了！"

据加缪研究专家说，《堕落》表达了这样的厄运：人失去了纯朴，就再也无法直接地接受幸福和不幸。加缪通过克拉芒斯之口说："是的，很少有人同我一样自然质朴。我同生活曾保持完全的一致，我从上至下同生活所体现的一切紧密结合，毫不拒绝生活的任何讥讽、它的伟大和它的卑下。"但在现代文明中，生活把一个保持质朴、自然纯真、直率自然的人变成了另外一个人，天堂由此已经失去。为此，加缪通过小说《堕落》向人们展示了西西弗的新形象，现实的人——克拉芒斯——的前景是无止境地坠落，他的新劳役不再是把岩石推上山，而是不断地坠入深渊。

第 3 章

反抗系列

> 我认为我可以真诚地说，我的反抗几乎是为了所有人的反抗，为了所有人的生活在光明中提高。
>
> ——加缪

一、初探"反抗"理论

沿着加缪对生存荒谬性的分析走下去，人们自然而然会意识到这样一个随之而来的问题：在认识到了人自身与世界的荒谬之后，人应该如何安置自身的生存，如何改造我们生存于其中的世界？其实，这也正是所有现代人都在思考与探索的重大现代存在主义哲学问题。

加缪在分析了人的生存荒谬性之后，开始探讨并提出对待荒谬性应该持有的反抗态度，通过反抗行动来寻求并最终走出荒谬。这一探讨形成了加缪的反抗理论。

"我的反抗"

在苦难的生活中，加缪生成了一颗反抗之心。

在 1933 年完成的小说《讽刺》初稿里，他讲述到外祖母的死亡及其外孙面对死亡和葬礼的反应："他对自己感到的痛苦提出疑问，他并无痛苦可言……"这是对世俗情感的反叛意识。

加缪从来都不畏惧贫困，反而对贫困有所留恋，因为它促生了那些更富于人性的情感。在 1935 年 5 月，加缪在《记事》中说："我想说的是，人们可能对某种已经消逝的贫困仍有留恋之情（并无任何浪漫色彩）。在贫贱中生活多年，这就足以凝成某种情感。"这是对世俗财富观的反叛意识。

在 1937 年，加缪出版了他的第一本书《反面与正面》。这是一本关于贫民区的世界、表白自己早期生活的忧郁感受的书。在书中，多处见到他对贫穷造成的痛苦与苦难的自我意识。在《反面与正面》出版后，有人对这本书加以评论。就这些评论，加缪给他的朋友让·德·梅松色勒写信说："我在这些评论中总是读到相同的词：苦涩、悲观等等。他们没有读懂我的作品——有时，我对自己说，我使人误解了我。如果我没有说出我对生活所感受到的全部滋味，没有说出我要深刻品尝生活的渴望，没有说出死亡本身和痛苦只有激发我这种生活的欲望，那么，我等于什么也没有说。"这是对生活苦难的反叛意识。

在 1939 年 5 月出版的《婚礼》集中，收入一篇名为《阿尔及尔之夏》的散文。文中描绘了阿尔及尔人的生活：他们着眼于今生，追求生活的乐趣，而不问来日如何。加缪从中看到了某种特殊的"幸福感"。"所有一切对生命的颂扬，都使生命变得更加荒谬。在阿尔及尔的夏天中，我得知，比痛苦更为悲惨的只有一件事，那就是一个幸福的人的生活。"加缪认为，在近乎安逸的生活中，会是无美、无爱或无危险的，而这也是最不值得过的生活。因此，他从古希腊人的隐喻中悟到了某些人生智慧——"希腊人从装满了人类罪恶的潘多拉盒子中最后放出了希望——这是所有邪恶中最可怕的一种。我不知还有什么象征比这更加生动。因为，同人们所理解的相反，希望等于是屈从。然而，生活，就是不屈服"。这是从经验层面提出的反抗意识。

1942 年 10 月，加缪出版《西西弗的神话》，书中分析了生存的荒谬性，然后从理论层面上明确提出占据"三个结果"中首位的"我的反抗"。书中，加缪明确地提出了"抗拒荒谬的英雄"的观点，即关于西西弗的幸福假设。他认为，之所以假设西西弗是幸福的，不在荒谬——因为它既不能告诉我们幸福，也不能告诉我们不幸——本身，而是因为，只有幸福的生活才符合人的尊严。被责为永罚，却能在其中找到幸福，这绝对是一种反抗。这是在此种条件下唯一可能的反抗形式，而反抗才能体现尊严。他说："西西弗是个荒谬的英雄。他之所以是荒谬的英雄，是因为他的激情和他所经受的磨难。他貌视神明，仇恨死亡，对生活充满激情，这必然使他受到难以用言语尽述的非人折磨。他以自己的整个身心致力于一种没有效果的事业。而这是为了对大地的无限热爱必须付出的代价。"

加缪自己就是一个反抗荒谬的勇士。他积极参加反法西斯主义的斗争，与不幸的个人命运（肺病）抗争，与论敌抗争，与一切不正义的现象抗争；他热爱生命，热爱艺术，他承认生存的荒谬，但绝不像有些人那样做一个虚无主义者。

个人性反抗：剧本《误会》

在早期，加缪就开始思考并尝试提出具有普遍意义的反抗概念，这就是现代人针对荒谬而应有的反抗意识和反抗行动。这一尝试的结果就是剧本《误会》。

剧本《误会》的写作计划始于1941年4月，完成于1943年。最初取名为《布特约维斯》，次年改名为《流亡者》。当时正值德军占领期，因此剧本带有一些显而易见的流亡色彩。

故事的素材得自于一则新闻报道。1935年1月6日，《阿尔及尔回声报》刊登了一则社会新闻，标题是：可怖的悲剧。报道了一家女店主在她女儿的帮助下杀害一名住店旅客，而此人正是她的儿子。女店主得知真相后上吊自尽，女儿投井身亡。女店主的儿子名叫贝达·尼古拉，他在国外工作二十年，积蓄了一笔钱。

加缪根据这则新闻报道，重新设计了剧情。改造后的剧本故事梗概是这样的：有一个男人从乡下出外谋生，二十年后，他发了一笔财，带着妻小回乡。他母亲和他的姐姐在村里开了一家旅店。这个人为了让家人吃一惊，便让妻子和儿子留住在另一处，独自去他母亲的旅店里。他进屋时，他母亲并未认出他来。出于开玩笑心理，他便在旅店开了一间房。他在她们面前露出自己的钱财。夜里，他母亲和他姐姐用锤子杀害了他，窃取了他的财物，把他的尸体扔进河里。清早，他妻子来到客店，无意中披露出那个住店旅客的名字。他母亲得知真相后上吊自尽，他的姐姐投井身亡。

关于这出剧的主题，加缪这样概括："失去而没有找回的天堂的故事。"但在作品完成后，他把它称为"现代悲剧"。最初，加缪将这部剧列入反抗系列，后来又把它列入荒谬系列。据加缪研究专家罗歇·格勒尼埃的分析，"这出剧近于反抗一类"。

在加缪眼里，荒谬作为人难以逃脱的苦难，"误会"便是其中的一种。剧本揭示了荒谬得以发生的某种形式：偶然发生的悲剧，一种被视作"误会"的荒谬生成。"这是一场误会，尽管您对世界知之甚少，您并不会少见多怪。"玛达在犯罪后说。这种荒谬生成的表现形式，出自某种神秘的偶然性。对此，萨特评述道："阿尔贝·加缪的《误会》中的人物并无象征性，这些人物有血有肉：一个母亲和一个女儿，一个从远方回来的儿子；他们的经历局限于自身。然而，这些人物具有神秘性，从这种意义上说，他们之间产生的误会可作为人与自身、人与世界、人与他人之间产生误会的具体体现。"

尽管如此，加缪认为，人也不应该对此种偶然生成的荒谬屈服。在他看来，《误会》作为荒谬世界的写照，人在误会这一荒谬的存在境况中同样应具有反抗精神。这是一种悲剧性质的反抗。在剧中，那个母亲在谋杀之后发现："在这个毫无保障的世界上，我们有自己的信念。"

店主人的女儿玛达是一个反叛者的形象。玛达是一个感情强烈的人，作为荒谬的英雄，对未来持冷漠态度。在剧中，当她的弟弟要填写住宿登记表格时，玛达稍有分心就可以避免悲剧。"我在这里不是看您双手，我是给您填表格的。"玛达对来客说。倘若她看一眼旅客的手，也许会认出自己的兄弟，误会也就不会发生。当不幸发生后，她也没有屈服于误会这一存在的偶然命运："我深受不义之苦，我没有得到公正待遇，我不会屈膝的。这个世界上没有我的地位，母亲把我抛弃，让我孤零零一人承担罪责，我就是离开人世也不会同这个世界和解。"剧中的另一个人物说："在苦难或非正义的某种阶段，谁也帮不了谁的忙，因而痛苦是孤独的。"不过，这种对偶然生成的误会式的荒谬的反抗行动，加缪将它归类为一种"个人性的反抗"。

为了冲破这种在扭曲的荒谬存在中生成的偶然性，加缪将个人性反抗上升为一种人类的普遍反抗意识和反抗行动。他在《反抗者》一书中说："每个反抗者以挺身而起面对压迫者的行动来为生命辩护，投入到反对奴役、谎言和恐怖的斗争中……倘若他是一个彻底的反抗者，他无论如何也不会要求毁灭存在和他人自由的权利。反抗者不会侮辱任何人。他所要求的那种自由，他为所有人去争取它；他所拒绝的那种自由，他禁止任何人去取得它……反抗追求生命而不是死亡。它深刻的逻辑并不是破坏的逻辑，而是创造的逻辑。反抗的行动是保持纯正。"

非暴力抵抗

1946 年 3 月 25 日，加缪到美国纽约访问。他搭乘的"奥尔贡号"是一艘从事客货两运的货轮，全船的旅客都挤在一个很小的餐厅里就餐。船上的起居与艰苦的战争年代相比，没有什么改善。

《纽约客》撰稿人利埃布林在加缪去世后发表的一篇回忆文章中，提到当时加缪到纽约时"那身令人发笑的穿着……那是一件出自法国裁缝的杰作，是战前甚至 1929 年大萧条前的款式"。当时，连在法国的美国大兵都觉得法国人身上老有异味，发给美军的小册子上解释说：不是法国人不爱干净，实在是因为肥皂在法国是稀缺的日用物品。20 世纪 40 年代的欧洲因连年战争，物质生活是极为匮乏的，与当时美国丰富的物质生活相比悬殊。

到达纽约的第二天，有记者问加缪：对美国是物质文明中心这一说法怎么看？加缪回答说："今天，人类到处在接受物质文明，生活在贫穷和饥饿中的欧洲人是物质主义者，他们在这种条件下能是别的什么主义者呢?"

3月28日,加缪在纽约的哥伦比亚大学发表了题为《人类危机》的演讲,提出了关于非暴力政治和反抗的主张。这是加缪在纽约最有影响的一次公开活动。演讲结束后,有人站起来建议再付一次入场费,以此来为法国的战争孤儿募款。这个建议得到在场人们的赞同,第二次入场费的收入甚至多过第一次,由此可见演讲的成功。4月6日出版的法语周刊《胜利》,将加缪的演说称为"一个盛大的法兰西告白"。

加缪和美国知识分子的交流比与萨特和波伏瓦的交流更融洽,因为他的人道主义和反暴力立场是与美国知识分子反斯大林主义的立场相一致的。菲利普斯在回忆中提到,加缪比萨特英俊,也较含蓄,乐于与人闲谈,和纽约知识分子比较谈得来。巴瑞特同样觉得加缪的政治观点透出"朴实的正派",而且"人很谦虚,着实迷人"。

阿伦特在1946年8月17日写给雅士伯的一封信中说:"加缪也许不如萨特有才气,但却重要得多,因为加缪严肃得多,也诚实得多。"在1946年11月11日给雅士伯的另一封信中,阿伦特说,加缪"是一个你所说的来自抵抗(法西斯)的人。他绝对诚实,有政治眼光"。阿伦特觉得,加缪是一个"没有'欧洲民族主义'情绪的欧洲人",这种人可以"四海为家"。与加缪相比,阿伦特觉得"萨特是一个过于典型的法国人,太文学气,可以说太有才气,太有抱负……这种人我在战前还没见过"。

在访美时,加缪还受邀发表了其他的演讲。在一次演讲中,加缪讲述了发生在战争时期的人性故事:在一套盖世太保租下的公寓里,一名看门女工在打扫公寓时,看见两个手脚被捆绑起来的人还在流血,却不闻不问。面对其中一个受刑者的指责，这位女工回答说："我从来不管房客的所作所为。"

加缪说，他那一代人经历的是一个充满暴力、破坏和死亡的时代。整整一代人的"精神经历"面对的就是这样一个荒诞的世界。是抵抗法西斯，还是与法西斯合作，考验了每一个人的灵魂。更为严重的是，对人的折磨、政治谋害和心灵扭曲并没有随着二战的结束而结束，"毒药并没有解除……我们所有的人心里都带着毒药……我们都应该为希特勒主义负责"。极权统治在希特勒之后仍然以其他形式存在。在这样的情况下，现代的个人"继续生活在一个没有人性价值的世界中"，遵奉的是权力意志，膜拜的是历史必然，顺从的是官僚理性，忍受的是暴力和毁灭。

对此，加缪提出了自己的反抗哲学——"我们必须与非正义，与奴役和恐惧作斗争，因为这些祸害力量逼迫人们沉默，将他们相互隔离，把他们铸成同一个模子"。

加缪说，反抗针对的是一切"接受现实和无所作为的想法"，主张的是把道德看得比政治更为重要。因此，人类必须以"普世主义"来营造"正面价值"，"只有普世主义才能把有善良愿望的人们相互联系起来"。人们只有走出孤独的绝望，才能与其他人一道反抗，对抗陷入恐惧和暴力之中的政治压迫。

加缪的想法在美国左派知识分子中产生了共鸣，受到美国知识分子的欢迎。1946年7月，美国作家麦克唐纳发表《根子在人》一文，表述了有效的意识形态批判取决于个人的政治和道德判断的观点。麦克唐纳是在和加缪进行数次交谈后写就《根子在人》一文的，因此可以看出加缪对他的影响。麦克唐纳强调的个人判断，不是建立在传统的个人主义基础之上的。和加缪一样，麦克唐纳不认为人天生具有绝对可靠的道德意识。个人道德意识是一种经过磨炼、产生于思想的道德意识。他强调现代个人生存在一个"既不确定，又无指导"的世界中，真正的激进思想把人性看作是善恶兼有的，不相信"科学能确实无疑地解释一切事情"。价值应该是与人的实际存在有关的价值，不是抽象的主义或意识形态，价值的"根子在人"。因此，政治应回到与活生生的个人生活相连的层面上来，"我们必须把政治回归到温和的、不虚张声势的个人层面——回归到真正的政治"。麦克唐纳和加缪原计划一起工作，促使欧洲和美国知识分子一起行动，共同进行非暴力抵抗，但后来因加缪忙于在法国与激进左派论战，而没能实现这一计划。

加缪在美国因为"热水浴和维生素，体重有所增加"。他还寄了一些物品回家，"一个 80 公斤重的包裹里装了 3 公斤食糖，3 公斤咖啡，1.5 公斤面粉，2 公斤大米，3 公斤巧克力，1.5 公斤婴儿食品，14 公斤肥皂和其他物品"。1946 年 6 月 11 日，加缪离开美国，搭乘海轮回到了法国。

二、《反抗者》的发表

普罗米修斯的神话

现代生活具有荒谬性，在认识到这一现象之后，人应该怎样行动？这是存在主义哲学所要解决的重要问题之一。加缪的朋友、法国作家马尔罗认为，"人可以接受荒谬，但不能在荒谬中生存"。人怎样面对荒谬？走出荒谬性之路在何方？有人主张以自杀求解脱，有的作家从认识了荒谬之后又重新回到了上帝，例如舍斯托夫。加缪对此批评道："俄国哲学家舍斯托夫的整个思想都致力于揭示荒谬，并使荒谬引发的无限希望同时迸发出来，对他来说，荒谬就是上帝，应该信赖它。荒谬的唯一出路就是上帝，荒谬是通向永恒的跳板。"与此不同，加缪提出了"反抗主题"，将他对这一主题所写的作品归类为"反抗系列"。

加缪的"反抗主题"，主要表达了人对抗和抵制生活荒谬性的基本立场。最初，加缪想用古希腊神话的象征性手法来表述这一思想，如同用"西西弗的神话"来表述"荒谬主题"一样，用"普罗米修斯的神话"来表述"反抗主题"。他在1950年写于《记事》的一个草拟提纲中，列出了他的思想分析构架：

"一、西西弗的神话（荒谬）。二、普罗米修斯的神话（反抗）。三、涅墨西斯的神话。"

很明显，这是一个有关他的整体思想结构的写作设计图。这张思想结构图表明，加缪原打算像用"西西弗的神话"为书名来表达他对"荒谬"的全部分析一样，用"普罗米修斯的神话"来表达他对"反抗"的全部分析。我们知道他确实如此准备做了。在发表于1954的论文集《夏天》中，就收入了一篇写于1946年的文章《普罗米修斯的冥府》，文中表述了后来在《反抗者》一书中的反叛思想，即古希腊人用"普罗米修斯"这样一个反叛者形象，给了我们"反抗智慧的最伟大的神话"。

现实生活中发生的有关背景事件，总是比文学和哲学的要求来得更具迫切性。在这一时期，加缪进行了大量理论准备工作，并就现实问题发表了一系列研究文章，最终结集并定名为《反抗者》公开出版，而将有关普罗米修斯神话的材料压缩成全书的一个章节。

《反抗者》的写作

二战结束后，西方思想界针对苏联出现的清洗黑幕和残酷洗脑事件，就"斯大林主义"进行了论战。论战双方或持批判立场，或持捍卫立场。

1946年，前匈牙利共产党员、著名反共作家阿瑟·库斯勒的小说《正午的黑暗》和随笔集《瑜伽修行者和政委》相继在巴黎出版。小说深刻地揭露了斯大林大清洗的黑幕和残酷的洗脑术。随笔集批判了历史必然性理论，通过对事实和数据的系统分析，推翻了苏维埃神话。库斯勒指出，苏联体制是"一种国家资本主义的极权专制政权"。

小说和随笔集出版后，立刻引起了巨大反响和热烈争论。法国哲学家梅洛-庞蒂对库斯勒的《正午的黑暗》进行了批判，写下了一系列为苏共大清洗辩护的文章，1947年结集为《人道主义与恐怖》公开出版。他认为，斯大林的大清洗是共产主义暴力消灭资本主义暴力的手段，强制工业化和农业集体化，虽然造成了大饥荒，但苏联卫国战争的伟大胜利证明斯大林是正确的。没有强制工业化取得的巨大成就，苏联就不可能打败当时世界上最强大的战争机器。

加缪对库斯勒的著作评价很高，两人第一次见面后就有一见如故之感。加缪坚决反对梅洛-庞蒂替斯大林主义进行的辩护，认为斯大林的大清洗无异于谋杀，并进而反对苏联"共产主义"的红色暴力。就此，加缪写出第一篇批判苏联"马克思主义"和斯大林制度的长文《不当受害者也不当刽子手》，连载于1946年11月19日至30日的《战斗报》。全文各节的小标题是《恐惧的世纪》《拯救生命》《社会主义的矛盾》《被背叛的革命》《国际民主和独裁》《这世界变化快》《一份新社会契约》《走向对话》。

加缪在全文的开篇就援引《瑜伽修行者和政委》和"加缪—库斯勒对话",系统地批判了"以目标的合理来论证手段的正义"的历史观。在加缪看来,无论目标多么高尚,也无论历史必然性如何不可抗拒,都不能证明专制暴力和恐怖手段的正当性。

梅洛-庞蒂是《现代》杂志的核心作者之一。在1946年《现代》杂志上,梅洛-庞蒂发表了有关1937年至1938年莫斯科案件的专论,其中论及布哈林案件。加缪见到此文后同他断绝了关系。加缪在1946年10月在维昂家同梅洛-庞蒂绝交事件,波伏瓦在《事物的力量》中有所描述:"晚上11点左右,加缪来了,情绪低沉,他从南方旅行归来;他为梅洛-庞蒂那篇文章《瑜伽信奉者与无产者》而抨击他,指责他为莫斯科案件辩解,并对把反对混同于背叛感到愤怒。梅洛-庞蒂为自己作辩护,萨特也支持他;加缪表情激动地甩门而去;萨特和包斯特急忙赶出去,在街上紧跟其后,但他拒绝回去。这次翻脸一直闹到1947年3月。"

在加缪与梅洛-庞蒂的争论中,加缪指责梅洛-庞蒂借口"有义务去理解历史境遇的多样性",为斯大林式的审判和恐怖开脱罪责,还指责梅洛-庞蒂是一个在一旁计数的"旁观的哲学家"。

斯大林死后,从东柏林到匈牙利,东欧国家先后发生骚乱。加缪每次都写文章并发表讲话,他也参与拯救囚禁中或遭受酷刑的希腊人、伊朗人、西班牙人的活动。他同无政府主义者路易·勒古瓦联合起来取得因道德原因而拒绝服兵役的身份。在这些活动中,加缪是一个活跃分子。

就是在这一大的现实与理论的历史背景下，加缪完成了《反抗者》一书。在那个时期所写的《记事》中可以看到，为了写好这部书，加缪参考了许多有关资料，浏览了大量文学和哲学著作，从苏格拉底前的作品到黑格尔后的作品，从《伊利亚特》、希腊悲剧到超现实主义作品，从俄国神秘主义者到革命历史学家的作品，从16世纪让·布尔夏在罗马所记的日记到福楼拜的通信集，还写下了大量的阅读笔记。

《反抗者》这部论著是酝酿十年之久的力作。最初提纲写于1943年，但完成全书的写作一直持续到1951年。1945年，加缪发表了《关于反抗的看法》一文，接近于《反抗者》的第一章。这篇文章发表在一本名为《存在》的集体作品中，书中收录有让·格勒尼埃、本雅明·丰达纳等作家的其他文章。1951年初，全书基本完成。他写信给勒内·萨尔说："一个月以来，我专心工作，从不间断。完全的孤独和结束它的意愿使我每天伏案10小时。我希望3月15日前完稿。"

《反抗者》一书出版以后，引起了巨大反响，并引发了多次范围广大的论战。在这些不同的论战中，加缪原来的朋友们有的攻击他，有的与之绝交。虽然受到各种攻击，但加缪仍认为《反抗者》是他作品中最重要的一部。他说："这是一本引起极大反响的作品，但它为我招来的敌人比朋友还要多（至少我的敌人叫喊得比我的朋友更响）。我同大家一样，我不喜欢自己有敌人。然而，如果我要重写的话，我仍将写成现在这个样子。在我的作品中，这是我最喜欢的一本。"

何谓反抗

《反抗者》一书系统地厘清了"反抗"概念，展现了反抗所采取的各种形式和它所包含的各种理论上的考虑，也探讨了在反抗这一概念上出现的种种偏差和蜕变。加缪将反抗理论划分为五个方面的问题。在第一部分，为反抗和反抗者下了定义；第二部分是研究形而上学的反抗；第三部分论述了历史上的反抗；第四部分论述了反抗与艺术；第五部分是以抒情的方式探讨人类生存的本质状况，即全面表述了"正午的思想"。

在《反抗者》一书的第一部分，加缪定义了"反抗"概念。加缪认为，反抗应该成为一种绝对命令，因为在反抗中隐含着一种价值判断，即人们只有通过反抗，才能在麻木的沉睡中苏醒过来。加缪说："奴隶在拒绝主人令人屈辱的命令时，同时便否定了他自己的奴隶地位。"当他要求以平等的身份对待自己时，"他的觉悟随着反抗而苏醒"了。

加缪断言，反抗是人的存在的一种本质表现。在《反抗者》这部著作中，突出了《西西弗的神话》中隐含的一个主题：当人们意识到荒谬时，正确的做法是反抗荒谬，就像那个不断推石上山的西西弗。但与《西西弗的神话》不同的是，《反抗者》深入到历史的梳理和分析之中，最终形成了如下命题：我反抗故我在。加缪说："我们每天遭受的苦难中，反抗所起的作用犹如'我思'在思想范畴所起的作用一样。它是第一个明显的事实，然而这个事实使人摆脱了孤独状态。它使所有的人都接受了第一种价值。我反抗，故我们存在。"

继之，加缪给出了"反抗者"的定义。他说："何谓反抗者？一个说'不'的人。然而，它虽然拒绝，却并不放弃：他也是从一开始行动就说'是'的人。"

在《反抗者》一书中，加缪进一步对"反抗"进行了区分，认为它主要表现为两种：一种是"形而上的反抗"，另一种是"历史上的反抗"。

在《反抗者》的第二部分，加缪主要探讨了"形而上的反抗"问题。在加缪眼里，形而上的反抗实际上就是所谓哲学性的反抗。对此，他说道："形而上的反抗是人挺身而起反对其生存状态与全部创造。它之所以是形而上的，是因为它否认人与创造的目的。"花花公子的反抗、尼采的思想、超现实主义者的行动等，是构成形而上反抗的主要线索。

形而上的反抗虽然有其可贵之处，但最终却很可能会坠入虚无主义的深渊。对此，加缪说："人们可以以两种方式成为虚无主义者，每次无论哪一种都过于绝对。显然，有的反抗者想要死去，有的反抗者却想让人死去，但他们都是一样的，都焦灼地渴求真正的生活，对生存感到心灰意冷，宁要普遍化的非正义而不要被肢解的正义。"结果是，"形而上的谋杀来回答普遍的杀人"的时代就会到来。

历史上的反抗

在《反抗者》一书的第三部分，加缪对"历史上的反抗"做了研究。作者在对"历史上的反抗"进行考察时，实际上是以"革命"作为关键词的。也就是说，所谓"历史上的反抗"，就是历代发生的"革命"。在此，他对1793年以来发生的历次革命运动和风暴进行了考察。

在《西西弗的神话》中，加缪指出，"唯一严肃的哲学问题是自杀"。在《反抗者》中，加缪则指明，"唯一真正严肃的道德问题是谋杀"。加缪说："在可以说'不'的时代，澄清'自杀'的问题是有益的；在意识形态的时代，人们则必须面对'谋杀'……每一个清晨，都有乔装打扮的杀人犯悄悄潜入牢房。'谋杀'是当前最大的问题。"意识形态的"谋杀",主要是指基于某种政治主张而对另一部分持不同政见者实行暴力压制,以致实行肉体上的消灭。也就是杀人的经常化与合法化。

在加缪看来,历史上的反抗,也即革命,是同杀人的经常化与合法化联系在一起的。"大部分革命的形式与特点就在于杀人。所有的或几乎所有的革命都曾经是杀人的。"因为,"马克思主义就其一个方面来说,是认为人是有罪的而历史是无罪的学说。在远未掌握政权时,它在历史上就表现为革命暴力,而在居于权力的顶峰时,则成为运用法律的暴力,即恐怖与审讯。在宗教的世界,真正的审判放在以后,没有必要毫不迟疑地惩罚罪恶。相反,在新世界中,由历史所宣布的审讯必须立即进行,因为有罪、失败与惩罚是同时发生的。历史审判了布哈林,因为他已被处死。它宣告斯大林无罪,因为他处于权力的顶端"。

基于这一分析,加缪进而对"法西斯主义"和"俄国共产主义"进行了区分:"把法西斯主义的目标与俄国共产主义的目标混为一谈是不正确的。前者由刽子手自己颂扬刽子手,而后者更富有悲剧性,竟由受害者来颂扬刽子手。前者从未想过要解放所有的人,而仅仅想解放某些人而征服其他人。后者就其最深刻的原则而言,旨在解放所有的人,但要暂时地奴役他们所有的人。"

在这里,当如此进行反思时,加缪也就指向了对苏联"马克思主义"的质疑与批判。加缪认为,马克思一生进行过许多预言,但历史已证明这些预言有些是错误的。比如,马克思预言随着资本主义的发展,无产阶级的人数必将无限增长,但历史发展的事实却表明,无产阶级的人数不断减少,他们大都成了中产阶级阵营中的一员。预言的错误，再加上俄国人在把"马克思主义"斯大林化的过程中又把"马克思主义"当成了教条主义，所以，在苏联社会主义所依傍的革命暴力中，杀人不但合法化，而且变成了一种政府行为，变成了一种国家恐怖主义。于是，"俄国的集中营制度实现了从管理人向管理物的辩证过渡，把人与物混在一起"。在这里，加缪的潜台词已经非常明显，靠"马克思主义"起家的苏联已完全没有人道主义可言，有的只是对人的高压统治、集中管理和血腥镇压。

在此，加缪对"革命"和革命暴力的本质进行了考察。他认为，暴力革命成了一种模式，而"暴力"也成了革命必须付出的代价。但暴力本身是否合法，依然是一个引起争议的问题。早在19世纪后期，俄国作家陀思妥耶夫斯基就在他的作品《罪与罚》中，探讨了"一个人为了自己与社会的发展，能否杀死一个有害的人"，在《群魔》中探讨了"一群人为了崇高的理想，有没有理由杀人"等问题，他的答案是否定的。同样，托尔斯泰虽然被列宁称为俄国革命的一面镜子，但他具有基督教色彩的"博爱"却被否定了。

加缪虽然早年加入了共产党，但一直对苏联"马克思主义"的历史决定论与暴力革命理论抱有疑虑。他之所以加入共产党，是由于"我认为更多的是生活，而不是思想，把人们引向共产主义……我有一种强烈的愿望看到毒害人类的苦难减少"。但是，当他看到苏联集中营的情况时，便对斯大林主义的过激行为产生了反思，进而要求避免"革命"过程中的暴力与不人道，由此提出了自己的"反抗"理论。

加缪认为，反抗不同于革命，反抗是一种自救，是在荒谬世界中选择反抗的生活方式。这种反抗是有界限的，即只为人自身的权利、价值、尊严而抗争。其目的并不是要对世界掠夺和对他者的"征服"，而是要使人成为人自身，成为真正的合理的人。革命则与之不同，革命强调为了某种遥远的历史目的而不惜调用一切手段，它的全部主张都在于，以剥夺反抗剥夺，以统治反抗统治，以剥夺对方利益来弥补自身所欠。加缪认为，由于革命的颠覆力量源于恨而不是爱，这就有可能导致无度的暴行和罪恶，由反抗而走向反抗的反面。或者说，他认为革命破坏平衡，使世界陷入恐怖。苏联的做法摒弃了一切道德准则，名义上为实现人类统一的梦想，实际上却在推行一个排斥一切自由的专制主义。

反抗与革命的区别在于，"第一，反抗是纯意识的，而革命是行动的；第二，反抗是改良主义，而革命则是改朝换代；第三，反抗追求世界的统一性，而革命则要建立世界帝国；第四，革命的形式和特征是杀戮，反抗则是意识上的抗争"。

由此出发，加缪尖锐地批判了法国大革命的社会破坏模式和斯大林主义的反人性做法。他说："革命，它声称建立在经济基础上，但它首先是一种政治，一种意识形态。鉴于它的功能，它不能避免恐怖和对现实施行暴力。不管它的欲望是什么，它都从绝对出发来塑造现实。"他又说："在理论上，革命……是一种连环的运动，这种运动经过完整的转移由一个政府过渡到另一个政府。它的确切含义是：'确信会出现新政府！'普鲁东说：'认为政府会是革命的，这种说法是自相矛盾的，而这只因为政府就是政府。'根据以往的经验，对此还可以再补一句：'政府只有在反对其他政府时，它才是革命的。'革命的政府在大多数情况下必然是好战的政府。革命越发展，革命所意味的战争赌注就越大。1789年诞生的社会愿为整个欧洲而战。1917年革命中诞生的社会为统治全世界而战。整体的革命最终要求建立世界帝国。"

在面对为了理想而杀人的事实时，加缪提出了"杀人合法化"问题。他说："大部分的革命在谋杀中成型……奴隶暴动、农民起义、穷人战争、农夫反抗均提出了相同的原则：一命换一命……反抗者拒绝受奴役，宣称自己同奴隶主是平等的，然后再轮到自己当奴隶主。"加缪特别列举了著名的斯巴达克斯起义，"奴隶的军队解放了奴隶，又把他们过去的奴隶主供给这些奴隶奴役。起义军还把好几百罗马公民（在奴隶们眼里，公民也属于特权异己）组织起来进行角斗，奴隶们坐在看台上欣赏，狂欢作乐。然而，杀人只能导致更多的杀人……一个罗马公民被钉在十字架上，克拉苏（大奴隶主）以处死数千奴隶来作回答。6000座十字架矗立在从卡布到罗马的公路上。奴隶主们成倍地计算他们自己鲜血的代价"。当革命走向杀戮，或者为了革命而杀戮的时候，革命便走向了它的反面。

戏剧《正义者》

为了形象地表达反抗理论中谋杀与革命的联系，1949年加缪创作了戏剧《正义者》。这个剧本中的人物和事件，在《反抗者》"微妙的暗杀者"一章中出现过，即1905年俄国恐怖主义的殉难者们。在《反抗者》"三个着魔的人"一章中，将赫尔岑、巴枯宁和涅恰耶夫写进去。加缪提出，"涅恰耶夫的形象更加神秘，而且对于描绘反抗更有意义"。这种意义就是，革命是基于正义的谋杀。

五幕剧《正义者》，取材于1905年俄国社会革命党的恐怖小组用炸弹炸死皇叔塞尔日大公的事件。主人公卡利阿也夫担任投掷第一枚炸弹的任务。任务完成后被捕，宁死不屈，在一个寒冷的夜晚，被吊死在绞刑架下。他的恋人多拉说：先走向谋杀，再走向绞刑架，这就是两次付出生命。"我们加倍付出了代价。对人来说，也许是唯一的永生。"

在这些革命者的心目中，与绞刑架相比，谋杀作为第一次付出生命的果敢行为，显然要重大得多，因为它是你主动选择的，你可以选择不死，也即不谋杀别人。与卡利阿也夫同去执行命令的乌瓦诺夫就是这样认为的。而你只要作出了第一次选择，那么绞刑架就似乎只是作为一个结果自然而然地等着你。"在牢房，就用不着做决定了。对，正是这样，用不着再做决定！"所以，"死倒不算难，难的是手心里掌握着自己和另一个人的生命，要决定把这两条命推进火焰里的时刻"。

那么，是什么使得谋杀具有如此崇高的意义呢？加缪通过剧中人卡利阿也夫揭示——正义。

在恐怖小组中，卡利阿也夫说他自己是正义者，他是为正义而投掷炸弹、进行谋杀的。卡利阿也夫说："正因为热爱生活，我才投身革命。"斯切潘刚从监狱逃亡回来。三年的监狱生活使他受尽折磨，鞭子把他身上最后的羞耻心打掉了。当别人因受不了酷刑和侮辱而自杀时，他却活了下来。为了复仇和反抗，斯切潘参加了恐怖小组。他认为只有他才最懂得复仇和反抗，复仇和反抗就是正义。斯切潘说："我不热爱生活，而热爱生活之上的正义。"作为恐怖小组中唯一的女性，多拉对正义和爱有她自己独特的感受。她认为，如果为正义而奋斗就一定意味着死的话，"那我们就没有走在正路上。正路就是通向生活，通向太阳之路"。生活是什么呢？多拉说，生活是爱。爱不是一个需要理解的概念。爱是一种面孔，一种神态，一种说话的语气。

谢尔盖·涅恰耶夫在俄国历史上确有其人，他是一个革命者团体的行动领导者和精神领袖。别尔嘉耶夫说，涅恰耶夫"是一个真正的禁欲主义者和献身于革命理想的人"。他为了资金，"或许"勾引了一位兼具丰厚遗产和天真革命理想的姑娘。在加缪看来，涅恰耶夫的独特之处是认为对兄弟们施加的暴力是有理的。革命者分为几等，领袖有权力把下等的革命者作为可利用的工具。在涅恰耶夫之前，没有任何革命者敢将其作为纲领加以公开，而是私藏于心偷偷地实施。谢尔盖·涅恰耶夫在《革命者手册》中明确地表明："革命者是一个命中注定的人，他不能有强烈感情的交往者、自己心爱的人与物品，甚至要舍弃自己的姓名。他的整个身心都应该集中于一件心愿：革命。"

1950 年，加缪为伽利玛出版社主编"希望"丛书编辑了一部《你能杀死这人……》（副题为"俄国革命者生活场景"）论文集，集中收入了这些人的证词、事迹回忆录和相关文献。

三、关于反抗理论的论战

与萨特论战

1951 年，加缪发表著名政论《反抗者》后，萨特主持的《现代》杂志在 1951 年至 1952 年间刊发了多篇批评加缪《反抗者》的文章，包括"超现实主义"领袖布勒东和著名作家莫利亚克的批评。后来，加缪与好友萨特也就此发生了一场论战。萨特研究专家罗纳德·阿隆森在《加缪和萨特：一段传奇友谊及其崩解》一书中，讲述了这段法国文坛有兄弟之谊的加缪和萨特"同室操戈"的故事。

《反抗者》这部论著出版后，萨特不同意加缪的见解，不久，在萨特主编的《现代》杂志工作的普通编辑法兰西斯·让森，于1952年6月号上发表长文《阿尔贝·加缪，或反抗的灵魂》。在这篇评论文章中，让森言辞激烈，抨击加缪，指责加缪的反抗是"极其静止的"。让森对加缪式反抗的主要指责是：（1）过于沉溺于个人反抗而脱离了阶级反抗，忘记了阶级斗争；（2）提倡无条件非暴力而放弃无产阶级革命的正当暴力；（3）提倡悲剧性的"充满屈辱的反抗"而反对苏联式的"胜利的反抗"。最后，还挖苦加缪是"君子""红十字道德"等。

在让森的批评文章发表之前，萨特事先约见了加缪。波伏瓦在回忆录《事物的力量》中对这次会面作了详尽描述：萨特在卢瓦亚桥上遇见了他，一开始萨特就告诉加缪，这次谈话是不公开的。加缪听了感到非常意外，而且十分反感。萨特说，让森自己原本无意攻击加缪，鉴于他再三促请，让森最后同意出面写文章批评加缪。让森保证会非常小心、委婉地谈，可谈起来就不由自主了。虽然萨特坚持对文章观点作了一些调和，但杂志社并无检查制度。

看到让森的批评文章后，加缪怀疑这篇评论文章是受萨特的指使而写，感到友情受到了伤害，因而撇开让森，写了著名的十七页长信《致"现代"主编先生》作为回应，发表在《现代》杂志1952年8月号上。

在这封长信中，加缪直接公开致信给授意并决定刊登这篇文章的萨特，称他为"尊敬的编者"。在长信中，加缪为自己受到责难的观点进行了申辩，并反过来责问"苏联式革命"理论，指出这个理论是一种政治恐怖。加缪反问道：（1）为一个滋生劳改营的制度辩护，在道德上难道不是为邪恶辩护吗？（2）苏联体制在光天化日下的政治恐怖，难道没有证明苏联革命存在着致命缺陷吗？（3）革命暴力的所谓"解放"作用，是否已经变成了一种摧残和毁灭人性的武器？（4）不顾及苏联的邪恶而一味支持共产主义，难道就是法国左翼知识界的良知吗？在长信中，加缪还指出让森等人"不是在评论一种思想的真、伪、对、错，而只看它是左派的还是右派的，并不管他们实际上做了些什么"。

同期《现代》杂志也发表了萨特撰写的长达二十页的长文《答加缪书》。在文中，萨特明确地选择站在苏联共产党阵营一边，正式宣告自己是"马克思主义者"和"共产主义者"，也是共产党的同路人。同期《现代》还发表了让森回应加缪的三十页长文《为了把一切告诉你……》。

答加缪书

在《答加缪书》后半部分，萨特对加缪提出的问题进行了回答。萨特从政治立场的选择，说明了他对加缪的反对共产主义看法的不满。

萨特用加缪与法共的关系来解释加缪的选择，认为也许是法共的代表们侮辱过加缪，才是加缪"执意要与历史潮流相抗"、反对共产主义的主要原因。

在萨特看来，加缪在战时全身心地介入抵抗运动，堪称知识分子介入历史进程的楷模。二战后，共产主义变成了历史潮流，而加缪却选择了个人主义的反潮流立场。萨特说："您的个人性只能是海市蜃楼，因为个人性只有获得了社会现实的滋养才可能是真实的和有活力的。"

萨特质问加缪：为什么抵抗运动中的介入楷模没有在二战以后顺应历史潮流？

对于这一责问，后来有关研究专家认为，萨特的指责是不对的，专家列举了加缪1946年日记里记下的他认为"必须抗议的罪恶"：

"好几万希腊儿童被驱逐出境；

俄国农民阶级的肉体消火；

集中营里的数百万人；

政治绑架；

铁幕背后差不多每天都在发生的政治处决；

反犹主义；

愚蠢；

残酷。"

战后，加缪积极地投身到和平主义运动中。在一次抗议柏林惨案的集会上，加缪发表演讲说："如果我确信柏林的骚乱无法让我们忘怀卢森堡夫妇，则更可怕的事情，莫过于那些自称'左翼'的人能设法把躲在卢森堡夫妇的阴影里开火的德国人藏匿起来。然而，这是我们亲眼见到，我们司空见惯的事实，这正是我们现在何以在场的原因。我们在场，是因为若我们不在场，则显然那些口口声声为保卫工人尽责的人，也不会在场。我们在场，是因为柏林工人冒着先被杀害后被出卖的风险，冒着正是被他们渴望团结的那些人出卖的风险。"他颇为动情地质问道："一个工人——不论在世界的哪个角落——在坦克面前攥紧拳头，高叫着自己不是奴隶，如果到这时我们还不闻不问，我们算什么人？如果我们在戈特林（他作为一名西方鼓动家被苏联行刑队枪决）面前保持沉默，却为卢森堡奔走斡旋，这又意味着什么？"

萨特在《答加缪书》的末尾说："杂志对您是开放的，如果您愿意回答我的话，但是我，我不再答复您了。我说了您对我曾经是什么，您对我现在是什么。但无论您能够对我说什么和做什么，我拒绝反驳您。我希望我们的沉默将使人忘却这次论战。"

的确，萨特从此开始了漫长的沉默，而加缪也没有公开回应萨特的《答加缪书》。直到加缪遇车祸不幸身亡，萨特才打破了沉默，发表了《阿尔贝·加缪》的悼念文章来纪念他原来的好友。

加缪看完发表于《现代》上萨特的二十页回信和让森的三十页回信后，在日记中写道："《现代》杂志，他们接受罪恶却拒绝宽容——渴望殉道……他们唯一的借口是这可怕的时代。他们身上的某种东西，说到底，向往奴役。"

苏联问题

在二战结束后的一个时期里，在欧洲知识分子中发生了一场关于苏联问题和斯大林主义的论战。这场论战的一方是萨特、梅洛-庞蒂、布莱希特、卢卡奇，另一方是加缪、阿隆、乔治·奥威尔等。

当时，苏联发生的一系列重大历史事件引起了世界各地舆论的密切关注。战后，斯大林调动群众的英雄崇拜情绪，把自己塑造为"最伟大的天才"，大规模地使用恐怖手段来摧毁在党内和社会上抗拒和反对他的一切力量，无数共产党人以各种罪名被清洗出去，成为他追求个人至高无上权力的牺牲品。菲斯科夫审判是对几乎整个老布尔什维克的可怕处决；数百万人被枪杀或送入劳动集中营；纳粹和苏联的互不侵犯条约，这些都动摇了一部分知识分子对苏联的迷恋，对极权国家及其人民的命运进行了反思。与此同时，在二战期间苏联人民作出的巨大抵抗和牺牲，对由苏维埃政权带来的种种希望，又使人们萌发了对理想的渴望，甚至认为"已看到了未来"。例如萨特就声称，历史将选择苏联或美国作为通向未来的继承人，并且苏联比美国具有更多的优越性。这样，围绕着苏联和斯大林主义前景的争论，就成为当时思想界在意识形态上产生论战的重要议题。

当时，萨特对于苏联和苏联式"共产主义"表现出极大的热情。斯大林在东欧建立共产主义阵营对抗西方民主。此时，萨特默许梅洛-庞蒂在他主持的《现代》杂志上猛烈抨击克斯特勒反斯大林主义的文章《尤里和警长》。愤怒之下，加缪在编辑会议上拂袖而去。

加缪说：在萨特转向苏联"马克思主义"的论说中，看不到任何对自由的承担。在冷酷的历史现实中，一定要记住人性的根本要求，不能在反抗压迫者的过程中成为压迫者，忘却最终目标。因此，加缪强烈敌视苏联革命，谴责苏联的大规模清洗运动，认为极权政治淹没了人性，将苏联式"马克思主义"视同谋杀。他写下长文《不当受害者也不当刽子手》，明确提出自己的立场："我们不能逃避历史，因为我们身在其中，它一直没到我们的脖子。但人可以设想在历史中作战，以从历史中保全属于人的那一部分——这不是它的固有领地。"后来，他还将自己的思想融入创作，写了戏剧《正义者》，塑造了一个"以自己的死为条件接受了为一件事业而杀人的义务的人"，用生命维护"革命"的最初目标和最后目标。

与此同时，加缪在《反抗者》一书中对苏联的集中营现象加以研究，认为它反映了 20 世纪革命与恐怖之间的联系，并进而批评萨特漠视苏联集中营的存在。萨特就此写文章回应加缪："是的，加缪，我和你一样，觉得这些集中营是不可接受的；但是，资产阶级报纸利用集中营大肆宣传，这同样也是不可接受的。"

　　阿隆撰文对萨特的说法进行了驳斥。他说："一条界线将知识分子一分为二，一些知识分子只承认集中营的存在，而另一些知识分子则谴责集中营的存在。正是这两种态度，区分了知识分子的两大阵营。"

　　与加缪不同，萨特宣布公开支持苏联。认为社会主义代表了人类发展的新方向，暴力是必要的手段，为了历史的进步应该接受历史的局限性。为此，萨特也写了宣扬自己现实思想的戏剧《魔鬼和上帝》，塑造了一个从哲学进入历史的强硬分子，肯定了暴力作为手段的正当性。1954 年 6 月，萨特从苏联访问归来后发表声明："在苏联，人们有绝对的批评自由。"还对斯大林统治时期的苏联作了充满诗意的描述。直到 1956 年发生了震惊世界的大事——赫鲁晓夫在苏共二十大上作秘密报告，谴责斯大林"个人崇拜"的罪行。萨特读完报告后感到惊讶，说赫鲁晓夫的报告犯了一个极大的错误，竟然对斯大林这个长期以来的"圣人"进行如此率直的攻击，"任何对他（斯大林）本人公开正式的谴责以及对他的错误的详细暴露，都是疯子的举动"。

"共产主义"乌托邦

　　加缪在《反抗者》一书中批评了苏联式"共产主义"，这引起了萨特的强烈反对。

　　加缪认为，苏联式"共产主义"的诉求和它的邪恶特征有着共同的根源：一种致命的人的冲动，即基于形而上学的或历史必然性的犯罪激情。20 世纪的人类迷恋合法化杀人，习惯了用一个完美的借口来杀人。先是纳粹主义，继而是苏联式"共产主义"，使政治迫害和屠杀变成日常生活的一部分，变成官僚机构的例行公事。他说："哲学，它可以被用于任何目的——甚至把杀人犯变成法官。"只有在限制暴力的制度建立起来，从而使暴力不再成为一种文化的时候，才能容忍暴力的使用。

在《致"现代"主编先生》的长信中，加缪指出，《现代》杂志真正感兴趣的是论证历史的终极目的，而"反叛的个人"则是要表明：只有假定历史真的会有一个幸福的结局，才能说明共产主义革命在过去和未来所要求的种种牺牲是正当的。然而，历史现实表明，黑格尔式的、"马克思主义"的辩证法运动其实完全是随意的，因此彻底排除了它所预定的历史幸福结局的可能性。

萨特在《答加缪书》中对此反唇相讥：加缪先生，您追问历史自身到底有无某种意义和目的，恰恰是这个提问本身，我认为毫无意义。因为撇开创造它的个人，历史只是一个抽象的概念，人们既不能说它有目的，也不能说它没有目的。问题不在于认识历史的目的，而是要赋予它以目的。再说，人们不是为了历史，而是为了未来的希望而行动，这些行动本身绝不会没有道理。举例说，突尼斯的革命是为了反对殖民主义者。加缪先生，当您说这个世界不公正时，您就已经错了。因为您是在局外，以一个没有内容的正义去衡量一个没有正义的世界。对我来说，只有一个办法可以帮助受压迫的奴隶们，那就是加入共产党。要想在战斗中带领人们，首先必须加入他们的行列。

接着，萨特还讥笑加缪自相矛盾：您指责欧洲的无产阶级，因为他们没有公开谴责苏联；可您又指责欧洲国家的政府，因为他们竟然同意佛朗哥独裁的西班牙进入联合国。依我看，加缪先生，这个世界上您只有一个去处，那就是卡拉帕格斯群岛（南美爱克瓦多的一处死火山群岛）。

加缪反对那种先知的苏联式"马克思主义"及其与阶级斗争相联系的人间天堂的神话。他反问："如果个人并没有一个能够作为他价值原则的终极目的，人类历史如何能预先有这样一种现实的意义？如果历史真的有这样一种意义，为什么历史中的个人并不以它为自己的终极目的？但是，如果个人真的以它为自己的终极目的，他们又如何能处于您所说的那样一种痛苦的、无休无止的自由之中呢？"

萨特回避了这个问题，认为谁要加入斗争的行列，他就必须预先认可许多东西；不仅苏联式"共产主义"的追随者这样，任何一种乌托邦的拥护者都是如此。在抨击加缪时，萨特虽然也讲到人，但他讲的是团体和阶级，是矿山工人和布尔乔亚，并不是个人。

对此，加缪一针见血地指出，萨特这个"忏悔的资产阶级"的矛盾，"每一个拼命想要为其出身赎罪的资产阶级知识分子都是如此，他们不惜以自相矛盾、以强奸自己的良知为代价。在我们当前的事例中，这个布尔乔亚的知识分子是个马克思主义者，他激情地鼓吹与其主张的存在主义完全不相容的共产主义"。

萨特强调：他并不是"马克思主义者"，他仅仅是表明"马克思主义"在若干方面与自己的观点一致，并且他是根据自己的原则，而不是根据"马克思主义"的原则来解释"马克思主义"的。

论战的影响

加缪与萨特等人的论战在当时的巴黎知识界引起强烈震

动，产生了广泛的影响。

在这场论战中对加缪产生重大影响的，是他与萨特两人的理论分歧。1963年，波伏瓦如此描述了加缪与萨特的决裂："事实上，如果这段友谊以如此粗暴的方式破裂，那是因为在很长一段时间里它已经没剩多少了。1945年萨特和加缪之间就出现了政治和意识形态分歧，且一年比一年突出。加缪是个理想主义者、道德主义者；他一度被迫服从'历史'，一有可能就想抽身而出；他对人们的苦难极为敏感，把它纳入'自然'之中；萨特自1940年起就致力于批判理想主义，要挣脱最初的个人主义而到'历史'之中生活；他的立场接近马克思主义，试图与共产党人结盟……萨特笃信社会主义的真理，而加缪日益成为资产阶级的捍卫者……在两大集团中保持中立最终是不可能的，萨特因此靠拢苏联；加缪憎恨俄国人，尽管他也不喜欢美国，但几乎可以说，他还是转到了美国一边。"

对于加缪与萨特的思想冲突，《阿尔贝·加缪传》的作者洛特曼说："萨特宣布他无论如何都支持斯大林主义，而加缪拒绝加入那些时兴的激进大众，他们是跟谋杀犯做交易的人；因此，他遭到萨特主义者的嘲笑和侮辱，而当时几乎每个人都是萨特主义者。"加缪本人也在日记中说："所有的人都反对我，为的是摧毁我。"

有的萨特传记作者把这场思想争论看作是一场精神谋杀，分析这种精神上的谋杀可能具有心理上和金钱上的双重动机。在战后的法国，萨特与加缪两个人雄踞于同一文学领域，从小说、戏剧到政论，两个人一样成就辉煌，两个人受着同一个出版社伽利玛的"关照"，被同一圈朋友所推崇，与同一群敌手较量。现在，两位朋友因思想分歧而陷入激烈的对立状态，分裂在所难免，终于导致彻底决裂。

这场辩论对加缪本人的影响是致命的。在论战中，多数人反对加缪，认为他没有足够的哲学功底参加辩论，加缪成了众矢之的，陷入极端孤立的境地。他十分痛苦和绝望，精神上极其失意，尤其是这种失意和创痛是来自朋友的冷酷和不理解，缺乏友谊和温情的恶劣情绪始终折磨着他，内心世界的平衡被打破，使他的创作才能几近枯竭。加缪曾绝望地为自己辩解说："我热爱生活，这是我真正的弱点，我是那样热爱它，以至于无法想象那些不属于生活的东西。"

对于这场论战，萨特晚年回忆道：《反抗者》面世后，他想让人在《现代》上对它作出比较温和的评论，却没人愿意接手。让森旅行归来后主动请缨，给萨特解决了一个小小的难题。但让森与加缪稍有前嫌，便借机公报私仇。也就是说，让森批判此书体现出一种哲学上的贫困，固然也可成立，但其批判之烈、火力之猛或许已带上了个人的某些恩怨。文稿既成，萨特远在意大利旅行，无法亲自把关。刊物负责人梅洛-庞蒂觉得萨特不会喜欢这篇稿子，便不同意发表。让森与梅洛-庞蒂大吵一顿，后者只好妥协，前提是发表之前必须让加缪看看，并征得他的同意。加缪看后自然是勃然大怒，并把这一切记到了萨特的账上。于是，萨特变成了"主编先生"，这种冰冷嘲讽的语调自然把萨特逼到了绝境，不得不起而应战，一场友谊遂宣告终结。1952 年，萨特曾全力抨击加缪的《反抗者》，而后来在自己的哲学著作《辩证理性批判》第二卷中却提出了与加缪的《反抗者》中相同的问题：旨在解放全人类的革命何以制造了人间地狱？

多少年以后，思想界对这场论战有了更深刻的认识。阿隆森说："激励并拆散加缪和萨特的最深层因素仍与我们同在"，因此，"他们的智慧和思维盲点"也与我们同在。例如，加缪在这次论战中最先使用的"意识形态的终结"一语，加缪认为，"意识形态走向了自我毁灭"，"是一种骗人的把戏"。这一论题在许多右翼知识分子那里得到了发展。在他们看来，曾经是行动指南的旧的意识形态已经衰落了。后来又出现了影响当代世界思想界十分久远的"意识形态终结论"。

第 4 章

正午的思想

为了打破一种自然的冷漠，我被置身于苦难和阳光之间。苦难使我不相信阳光之下一切都是美好的；而在历史中，阳光告诉我，历史并不就是一切。改变生活，是的，但请不要改变赋予我神性的世界。

——加缪《反面与正面》

一、正午概念

加缪分析了在现代人生存中存在的荒谬性，将此列为"荒谬主题"，也被他称为"西西弗的神话"；继之，加缪提出人对这一荒谬性如何进行抗争，将此列为"反抗主题"，也被他称为"普罗米修斯的神话"；最后，加缪认为，经过反抗，人向自由王国进发，最终到达人类生存的"阳光"状态，将此列为"阳光主题"，也被他称为"涅墨西斯的神话"。

在加缪的心目中，人类生存的"阳光"状态，是真正意义上的人类生存终极之乡，是人类生活的"正午"。他将此表述为"正午的思想"。

涅墨西斯的神话

加缪一生都在思考现代人生存的种种荒谬性，以及如何对此种荒谬性加以反抗的问题，最后他探寻到"适度"在人们反抗荒谬中具有重要地位，进而提出了一种可称之为"适度哲学"的理论。

对于适度问题的主题，在加缪1950年《记事》里草拟的写作大纲中可以看到这一提法：

"一、西西弗的神话（荒谬）。二、普罗米修斯的神话（反抗）。三、涅墨西斯的神话。"

在这一简要的写作大纲里，人们可以发现，包含了他的整个思想的大纲，是关于加缪思想结构的一个整体表述。"西西弗的神话"表明的是荒谬，这是作为加缪思想的一个基本系列的主题出现的；"普罗米修斯的神话"表明的是反抗，而反抗是加缪思想的另一个基本系列的主题；那么，"涅墨西斯的神话"的主题，加缪没有用括号将它标明出来，但这是作为他提出的又一个重要系列主题出现的。那么，"涅墨西斯的神话"的主题是什么，它所要揭示的东西又是什么呢？

古希腊神话中的涅墨西斯女神，主张限制、适度。那么，这种适度在加缪思想结构里占据一个什么样的地位呢？据加缪的好友罗歇·格勒尼埃说，《反抗者》一书中所颂扬的适度，是屈从的反面。我们看到一个信奉尼采，设想在自己作品中"以征服的姿态体现力量、爱和死亡"的年轻人，最终达到了一种适度的哲学，即希腊人的古老的复仇女神哲学。

在发表于1954年的论文集《夏天》里，有一篇写于1948年的文章《艾莱娜的流放》，在文中，加缪表述了对正午思想的祈求，并颂扬了限制在生活中的重要意义。他说："这种限制的象征是适度女神涅墨西斯，她对一切过度者都是无情的。要对反抗的当代矛盾进行探讨，应向这位女神祈求灵感。"

由此看来，"涅墨西斯的神话"的中心思想应该就是"适度"，应该就是他借用来表达"正午的思想"之系列，所表明的也应该就是加缪的"阳光主题"。

所谓"阳光主题"，是加缪围绕真正合乎人本性的存在状态进行的探讨。它是加缪早期写作计划中的一个重要主题，也是他思想结构中的一个重要组成部分。对于这一主题，他在1954年出版的论文集《夏天》的出版前言"请予刊登"中说，这个论文集中的文章"虽然写作角度各异，但都重谈一个主题，可称之为阳光主题，这曾是作者发表于1939年的最早的作品之一《婚礼》的主题"。据加缪研究专家称，《婚礼》各篇文章写于1936年到1938年之间，《夏天》中的第一篇文章《人身牛头怪物，或奥兰止步》写于1939年，1941年他又重新修改了此文。说明这一主题一直是作者所关注的。

加缪认为，在生活中，每一个人的心中都有一个太阳。一个真正热爱生活的人，都会是一个热爱阳光的人。在《反面与正面》一书的前言中，加缪指明："在我作品的核心，总有一个不灭的太阳。"

的确，在他的许多小说中，人们都可以看到书中人物对于"阳光"的追求。在小说《局外人》中，加缪描述了一个与现代荒谬生活格格不入的默尔索，这个人是真正有所追求的现代"基督"。加缪在写给美国大学出版社出版的《局外人》的序言中说："我认为，默尔索并不是一个穷途潦倒的人，他是穷人，不加掩饰的人，他酷爱不留阴影的阳光。他远不是没有情感的人，他内心深处充满激情，那种追求绝对和真理的深情在激励着他。这里说的还是一种否定性的真理，感觉和存在的真理，可是缺少了它，任何对自身、对世界的征服将永远是无法实现的。"

在写于 1944 年的剧本《误会》中，加缪通过剧中人玛达之口强烈地表达了对海洋和阳光的眷恋，诉说自己在春寒料峭的山区生活的不幸。剧中人玛达对她母亲说："（激动地）啊，妈妈！等我们攒了很多钱，能够离开这片闭塞的土地，等我们丢下这个旅店和这座阴雨连绵的城市，忘记这个不见阳光的地方，等我们终于面对我梦寐以求的大海，到了那一天，您就会看见我微笑了。"剧中让与玛丽亚对话中，玛丽亚说："让自己的心说话……它只使用简单词。就说：'我是您儿子，这是我妻子。我同她生活在我们喜爱的地方，那里临海，充满阳光。'"在历经了种种争论与磨难之后，人渴望重新找回那种不受绝望干扰的时代的纯朴，重新获得某种近乎宁静的生活与爱。剧中人母亲说："我累了，孩子，没什么，只想休息休息。我说的休息……是老太婆的梦想。我只盼望安宁，放松一点儿。（浅笑）说起来真糊涂，有几天晚上，我差点儿产生出家的念头。"

在加缪眼中，经过了苦难后的人们，会走进充满阳光的生活，这是一个被赋予了真正价值的生活。1952 年加缪在为达尼埃尔·摩洛克的小说《反爱情》所作的序言中写道："必须生活在荒漠中，这便是一切，并且要逼迫它，以至有一天光明似水一样喷涌出来。"而这才是人真正值得过的生活。

正午概念

"正午"的概念并不是由加缪所发明的。早在 1946 年，前匈牙利共产党员、著名反共作家阿瑟·库斯勒写了一部小说，名叫《正午的黑暗》，在巴黎出版后立刻引起巨大反响和热烈争论。小说深刻地揭露了斯大林大清洗的黑幕和残酷的洗脑术，通过对事实和数据的系统分析，推翻了苏维埃神话。库斯勒指出，苏联体制是"一种国家资本主义的极权专制政权"。加缪对库斯勒的著作评价很高。不久，法国哲学家梅洛-庞蒂开始批判库斯勒的《正午的黑暗》，写下了一系列为苏共大清洗、大饥荒作辩护的文章。

针对这一思想论争，加缪认为有必要表达自己一贯崇尚的"阳光与海洋"的观点，明晰对"正午"这一概念的理解。出版于1951年的论著《反抗者》的最后一章，即第五部分，被加缪定名为"正午的思想"。加缪以抒情的方式作结论，把希腊和地中海的崇尚爱与美的生活同"不再热爱生活"的欧洲的集权主义对立起来，表明了他对"正午"的思想观念的理解。

加缪在《反抗者》第五部分指出，从古希腊哲学或地中海精神同欧洲集权主义的对立中，我们可以看到"热爱生活"与"不再热爱生活"两种生存状态的隔绝。这就是说，在正义和自由之间有一种二律背反，必须从中找到某种妥协。倘若正义是绝对的，那就无须自由。如果自由是绝对的，也就不会有正义。恶，说到底，就是绝对这个恶魔，正是它勾引我们的自尊。恶，就是想当上帝。"在思想的正午，反抗者为了承担共同的斗争和命运拒不接受神性。"而反抗，有时会扼杀自由。例如，在书中，加缪抨击洛特雷阿蒙和韩波这两位超现实主义大师，说他们使我们得知"通过怎样的途径，非理性显示的愿望能引导反抗在行动中采取扼杀自由的形式"。论述洛特雷阿蒙的一节又被起名为"洛特雷阿蒙，或平庸"，将"采取扼杀自由的形式"与人的"平庸"联系在一起。

加缪在奉行"集权主义"的俄罗斯人和欧洲人之外，选取了热爱生活的古希腊人。《反抗者》是以正午思想结束的，加缪的好友、法国作家罗歇·格勒尼埃提醒读者，加缪的这种思想是期望一个"不排除任何东西的"欧洲。在1946年，加缪曾设想在《希腊之行》杂志上出一期关于"地中海人"的专刊。他认为，这是"我们所能用以同人们迫使我们在其中作出选择性的俄罗斯人和大西洋人相对立的唯一的一类人"。也就是说，加缪之所以选用古希腊人或地中海人，主要是想表达他对当代充满荒谬性的欧洲人生存状况所持的批判立场，是为人应当成为真正意义上的人——热爱生活、崇尚爱与美——"地中海人"而设的一个概念。

　　再者，在加缪心目中，"正午"概念是与"子夜"概念相对立的，是种对立的思想观念。它们暗喻"光明"与"黑暗"。在他给一位读者的信中可以看出这一点。在信中，加缪解释道："至于地中海思想，我仅仅是对19和20世纪的欧洲思想意识对它的排斥作出反应而已。我根本无意将它凌驾于一切之上，相反，我认为德国思想形态，一般地说，历史性的思想过分无视这种思想，而欧洲思想由于失去了自己的基本根源之一而变成可怕的东西。但是，我不认为地中海思想包含着基本解决方法。我曾明确地写道，欧洲从来就只处在'正午与子夜'的斗争中。这意思是北方的文明对我来说同南方的文明一样必要。"

地中海精神

　　关于加缪的阳光主题的主旨思想，他在早期提出的一个说法是"地中海精神"。

正午的思想的一个基本表述的"地中海精神"，是加缪一直赞赏的存在主义哲学概念。有人问加缪，他最喜欢的十个词是什么，他答道："世界，痛苦，土地，母亲，男人，荒漠，荣誉，苦难，夏天，大海。"这十个词的确是经常出现在加缪的主要作品《局外人》《鼠疫》《婚礼》《夏天》中的，表明加缪在批判现代社会的荒谬性的同时，还对世界抱存希望，而不是一个彻底的悲观主义者。加缪说，土地上生活着母亲和男人，痛苦中有荣誉，荒漠上有阳光，夏天里有大海。在这里，"大海"指的正是孕育了古代希腊文明的地中海，那里是"爱与美的神性故乡"。

大海、地中海这一思想元素，是早年哲学老师让·格勒尼埃印刻在加缪脑海里的。在当时，"地中海精神"是一个时髦的重要概念。在加缪上哲学班的时候，让·格勒尼埃就给同学们开设了关于地中海的课程。加缪在谈到他的老师、作家让·格勒尼埃的《岛》一书时说："我们应当有这样一位老师，他出生在他乡，却也深爱着阳光和躯体的光泽，他用无法模仿的语言对我们说这些景象是美的，但是它们即将消逝，因此我们要更加热爱它们。这个伟大的永恒的主题，像激动人心的新颖题材那样在我们身上荡漾。大海，阳光，一张张脸庞，犹似一道道看不见的栅栏把我们隔开了，它们离我们越来越远，却始终使我们着迷。《岛》使我们醒悟：我们发现了文化。"这个文化，就是辽阔、明媚、健康，以大海、阳光为象征物的"地中海精神"。

1936 年 4 月，法国大诗人保尔·瓦莱里在阿尔及尔开了一次讲座，这次讲座的题目就是《地中海印象》。人们发现，在开始创作生涯后，加缪在 1933 年 4 月发表的《读书笔记》中对正在写作的作品作了说明："《摩尔人之屋》已脱稿。"在创作《摩尔人之屋》的本子上，最后四页是一篇名为《勇气》的文章，还有一页像是将出版的论文集的序言的文章，其中有这样的字句："确实，地中海沿岸地区是我唯一能生活的地方，我热爱生活和阳光；然而，悲惨的生活境遇困扰着人们，那里一直死气沉沉，这也是事实。在这个世界的反面和正面之间，我决不愿意作任何选择，要是您在一个绝望的人的嘴角上看到一丝笑容，您又怎能将两者分开呢？"后来，人们还发现加缪作于 1933 年 10 月的一首诗《地中海》，诗中赞扬的是"南方……"

1937 年 2 月 8 日，作为法国共产党阿尔及利亚支部下属的阿尔及尔文化馆的总书记加缪，将自己发表的关于地中海的演讲刊登在文化馆办的简报《年轻的地中海》上。在这篇演讲中，加缪初步勾勒出"正午的思想"所包含的基本观点，即后来在《反抗者》一书中最终形成的观点。青年加缪说："地中海是各种思潮相交融的国际海域，它也许是世界各地唯一同伟大的东方思想相沟通的地方……地中海所接近的是东方，而并非西方拉丁世界。每当一种学说同地中海相遇时，在不同思潮引起的冲撞中，地中海始终未受丝毫损伤，它战胜了这种学说。我们在地中海寻求的并不是那种抽象思维的雅趣，而是活生生的生活——河流、柏树、辣椒，是埃斯库罗斯而不是欧律庇特，是多利安人的阿波罗神，而不是梵蒂冈的经文。我们所寻求的是西班牙的力量和悲观，而不是罗马的夸夸其谈；是烈日下的田野，而不是自我陶醉的独裁者用他的嗓门所征服的听众的舞台。我们所寻求的，不是曾在埃塞俄比亚取胜的谎言，而是在西班牙被人扼杀的真理。"

加缪的早期作品集，1939 年 5 月在阿尔及尔出版的他的第二部作品《婚礼》中，读者可以感到作者颂扬地中海自然景色之和谐的抒情味道，读到人与太阳和大海的沟通，这种沟通说出了人同自身必然消亡的命运之间的配合。热爱大海，把大海变成最富特色的神话之一。他说："伟大的海洋，总等待着开垦，永远是处女地，夜幕降临时，就是我的信仰！"

加缪鼓吹地中海，赞美海洋，是因为他认为大海是一种包容性的象征，象征着人类泛爱的精神。在早年小说《幸福的死亡》中，梅尔索投身大海，"使他身上旧的痕迹消失，使他的深沉的幸福之歌欢唱起来"。在大海里，他感到浩渺的海水拥抱着他，"海水温暖得像躯体，沿着他的手臂流去，又紧紧贴在他双腿上，抓不住可又总在那里"。在加缪的眼里，大海是女性和母爱的象征。在《蒂巴萨的婚礼》中，他写道，"水沿着我的身体流动，双腿间波涛在拍打"。大海舔着岩壁，"发出吻的声音"。他把海水比喻成爱人，"紧紧抱住女人的身体，也就是获得自天上降临大海的这种奇特乐趣"。

加缪主张的地中海思想所追求与崇尚的，实际上是一种爱与美的感性生活，这种感性生活才是幸福的。加缪一生都没有放弃地中海式生活方式的理想。他深深热爱的阿尔及利亚，对他而言就是感性生活的代表。这种来自地中海精神的实质，就是伟大的古代希腊精神。加缪小说《堕落》中的主人公克拉芒斯向往希腊："那儿的空气是贞洁的，大海和娱乐是明朗的。"他憧憬"扶桑国"的大海上的岛屿："在那些岛屿上，人们死的时候疯狂而幸福。"在1955年春，加缪前往希腊这一诸神和哲学家之国访问，他自始至终被神圣的精神所迷醉。"20个世纪之中，人类尽力使希腊式的放肆和纯朴变得更合时尚。"

在出版于1954年的论文集《夏天》的最后一篇，也就是加缪用来结束这部以"阳光主题"论述结语的，是《紧靠大海》。加缪在他的《记事》本上谈到这篇文章时，把它说成是一篇关于海——他专心一致深爱的海的论文。在文中，加缪描写了最富有诗意的海滨，还有漂洋过海的神奇旅行，在海洋上，他似乎找到了诗人波德莱尔所说的闻名遐迩的"自由人"，还有梅维尔作品中的"水手"。全心全意在海上航行是一种寻求，是象征性的漂泊流浪。海洋，加缪是在阿尔及利亚海边学会爱它的，他曾多次渴望登船远行……

二、自由王国

在荒谬的生活中，人如何获得自由，是存在主义哲学所要探讨的重要问题之一。在第二次世界大战时期，加缪和萨特等存在主义哲学家一直关心和思考着这样一个时代问题：在巨大荒谬中生存的人，有没有选择不在这种荒谬中生存的权利，有没有选择自由生活的机会。对此，萨特认为，人有绝对自由。因为，个人存在的自由，一方面取决于个人的选择，另一方面又受制于时代和环境。所以，自由是矛盾的，具有两面性。也即就自由同环境不可分割的联系而言，偶然性是最根本的。个人自由与个人对他人、对社会负责的言行密切相关。人的自由脱离不开他的伦理责任，脱离不开他对社会所承担的介入的义务。但是介入，首先就意味着敢于负责任地进行主动的创造。萨特说："人的自由先于人的本质、并且还使人的本质成为可能；所以，人的本质悬挂于它的自由之中。"

对于同一个问题，加缪认为，人的自由表现为"我的自由"，而这一"我的自由"是加缪从对荒谬的考察中所得出的三个重要结论之一。他在《西西弗的神话》一书中说：从荒谬中，可以得出"三个结果：我的反抗，我的自由和我的情感"。

但是，加缪进一步指出，人没有绝对自由，自由都是由道德作为其实现的条件的。有一次，加缪和萨特相遇，就人有没有绝对自由辩论起来，各执一词。最后，加缪说："请问你可以自由地把我交给纳粹，说我是抗德分子吗？"萨特沉吟良久，然后说："不行。"加缪所要表达的意思是：自由应以"道德"为其界限。

自由与选择：戏剧《卡利古拉》

为了形象地探索在荒谬境遇中人的自由与选择问题，加缪创作了剧本《卡利古拉》。他将《卡利古拉》列为荒谬主题，与《局外人》《西西弗的神话》合称为"三部荒谬"。他在《致克里斯蒂安纳·加兰信》中说："我无法忘怀《卡利古拉》。这个剧本的成功具有重要意义，这个剧本连同有关荒谬的小说和论著，构成了我现在毫无愧色地称之为我的作品的第一阶段。这是一个否定性的、难以成功的阶段，但它将对其他作品产生决定性的影响。"但据研究加缪的专家说，《卡利古拉》一剧更着重于探讨的是自由问题。

由神话改编的剧本《卡利古拉》最初的剧本分为三幕，后改为四幕，讲述的是古罗马时代的故事。古罗马皇帝卡利古拉在一个偶然的机会悟到了人生的真理：人难逃一死，所以并不幸福。世界的荒谬令人无法容忍，而人们却偏偏缺乏认识，生活在假象之中。在荒谬面前，在恶的命运面前，人们麻木不仁。皇帝叹息他的统治过分幸运，既没有受过大规模瘟疫和宗教的肆虐，甚至也没有发生过政变。因而，他决定："那么，替代瘟疫的便是我。"于是，他采取极端的办法，把自己装扮成命运之神，实行暴政，任意杀戮，使人们深感难以活下去，由此变得清醒，认清命运的真正面目。可悲的是，卡利古拉自己成了恶的化身和荒谬的代表，最终走向了毁灭。

卡利古拉的妹妹兼情人特鲁西娅之死使他明白了人都是要死的，人并不幸福。卡利古拉从中得出一整套逻辑，由于他被荒谬的念头所萦绕，他要得到一种无节制的自由。加缪认为，这种自由并不好，因为它的谬误在于否定人。加缪在1944年版《卡利古拉》内封第四页的"请予刊登"中写道："压制他人，自己并不能获得自由。可是如何能得到自由？这还未弄清楚。"

其实，仔细阅读加缪的《卡利古拉》，人们可以明白作品所要表达的思想：人的自由与他自己的选择相关。卡利古拉活了29岁，当了三年十个月零八天的皇帝。加缪在1958年写的一篇评论中说："我觉得卡利古拉是一个比较罕见的暴君，我的意思是一个聪明的暴君，他的动机似乎既古怪又深奥。尤其是，据我所知，他是唯一嘲弄权力本身的人……传统的暴君是一些笨拙、粗俗而平庸的独裁者，同他们相比，卡利古拉像一个身着麻布衣的憨厚而纯朴的人，这些暴君也自以为是自由的，因为他们握有绝对统治权。而实际上，他们并不比我剧中的罗马皇帝更自由。只不过，这个罗马皇帝清楚这一点，并同意为此而死，这使他具有其他大多数暴君从不曾有过的伟大。"在此，加缪所说的"同意"，就是对"自由"的"选择"。在另一部探讨荒谬的论著《西西弗的神话》中，加缪把卡利古拉、普罗米修斯、西西弗列为三个向荒谬撞击的英雄。

政治与道德之辨

在加缪心目中，人的自由是与政治、道德等外在生存条件密切相关的。

早在二战即将结束时期，1944 年 8 月 19 日巴黎开始起义时，加缪写了《战斗在继续……》的社论，发表在 8 月 21 日的《战斗报》上。在这篇社论中，加缪说："夺回表面的自由是不够的……那么我们只是完成了极小一部分任务。" 8 月 24 日，加缪在另一篇社论中说："今晚正在战斗着的巴黎，明天将会发号施令。这不是为了权力而是为了正义，不是为了政治而是为了道德，不是为了统治其他国家，而是为了自身的伟大。" 1945 年 6 月 27 日，加缪写道："我们认为，说法兰西更需要道德改革而不是政治改革，这同肯定相反的事物一样愚蠢……我们一贯注重道德的严格要求。但是，倘若这些道德的要求会被用来掩饰我们所需要的政治和机制的革新，这将是一场骗局。"这一番言论表达了加缪用道德语汇来谈论政治的思想倾向。

在加缪《时文集》Ⅰ中有一章被起名为"道德和政治"，这一章所收录的十一篇社论都是围绕这个问题而写的，也有几篇记载了加缪和莫里亚克两人在有关正义和仁慈的二律背反问题上的辩论。在两人的论战中，加缪主张正义的要求，而莫里亚克则主张仁慈的要求。这场论战最初在《战斗报》论坛上展开，后来又发展到《费加罗报》论坛。加缪看到知识分子投身于为恐怖、为莫斯科的案件作解释或辩解，觉得这似乎是在步宗教的后尘，感到心情十分沉重。

加缪一直在思考道德和政治之间的关系。他在《记事》中写道："道德导致抽象和不义。它是狂热和盲目之母。讲德行者必杀人。"其实，在道德和政治两者的关系问题上，加缪始终都把它们当作是必不可缺的实现人的自由的手段。也就是说，加缪关注这两者的问题，是出于对如何实现"我的自由"

这一根本性重大问题出发的。就在他早期思考道德与政治问题时，人们可以从他对待作家的责任（道德）与当时清除法奸的工作（政治）的态度上，看清加缪所持的立场。1944 年末，在加缪和莫里亚克进行论战的时候，他对全国作家委员会在知识分子中清除法奸的工作感到灰心。为此，他写信给让·包朗说："有劳您通知我的同事们：我辞去全国作家委员会的工作，对此我不胜感谢。在客观性被当作不怀好意的批评，精神上的普通的独立性如此难被接受的气氛下，我感到极不自在，无法表达自己的思想。"又说："您知道，这是首次隐退，以等待那越来越吸引我的寂静。"表达自己的思想、我的寂静，其实都是加缪心目中"我的自由"，乃至人的自由，是他对真正自由生存的渴望。

表达自己的思想，是加缪所一直追求的"我的自由"的一部分。无论是与人对话，还是相互间就某一问题展开论战，一方在论战中要坚持做到坦诚地表达自己的看法，同时还要尊重另一方所具有的表达个人思想的自由权利。加缪说："我一直坦率地陈述自己的看法，别人可能会从这种真诚中得出这种想法：我完全确信自己是对的。其实，应该从中得出相反的结论，即：如果我开诚布公发表己见，那是因为我相信别人是光明正大的。"

在《时文集》I 中，有一篇文章谈到十月革命见证人罗斯曼，加缪说："当我们谈到这样的见证录时，当我们看到一些人进行了怎样的斗争，作出了怎样的牺牲时，我们会自问，那些同我们一样的人，不曾有生活在希望时代的机遇和痛苦，除了聆听和理解之外，在这方面不可能再希求其他东西。"在加缪充满了自由感的博大胸怀里，相信自己是自由的，那么他人也是自由的，因之出于对他人的尊重，仔细地聆听他人的倾诉，真心地理解那些处在特殊时代背景中痛苦挣扎的人的斗争和牺牲，这是真正自由的人应该做的。

辩论的目的是追求真理，而不是和论敌个人之间的意气之争。加缪一直相信，就是和自己进行争论的对手，也有表达个人思想的自由，对于这种言论自由应该加以尊重。有一次，加缪在对基督徒发表讲话时，他用这样的话提到他同莫里亚克关于正义和仁慈的论战："我一直在思考着他所说的话。经过这番考虑……我内心终于承认，并在此公开承认，从根本上来说，在我们争论的具体问题上，弗朗索瓦·莫里亚克先生有道理批驳我。"

让·包朗在回忆加缪同萨特的论战时，谈到加缪对论战的态度：当萨特同他公开决裂后，我看到加缪在办公室里迈着急促的脚步来回走动，他问每个人，又自问是否萨特有道理。

实际上，在尊重论战另一方的态度上，加缪所采取的是一种对自由的崇尚态度。关于这一点，加缪有过明确的表达。他在 1945 年《记事》中写道："自由就是能够捍卫我并不思考的事情，甚至在一个我赞成的制度或社会中也一样。就是能够认为对手是有理的。"在此，他坚守的是每个人都享有的表达个人思想的言论自由的权利。

"王国"概念

在加缪的心目中，一个人自由生活的真正"王国"，是一片美好的生活之乡。1949 年加缪为纽约皮埃尔-马梯斯画廊巴尔杜斯画展写的前言中，提到了"王国"这个词："无任何矫揉造作，通过最直接的最朴实的艺术，我们重新逆着生活之流而上，远离嘈杂喧闹，我们进入了巴尔杜斯最终建立起的他王国的那些花园里，在他的王国里到处是年轻姑娘，无比宁静，这是在无终止的流亡中最终找回的一片故土。"

在1957年，加缪出版了小说集《流亡和王国》，集中探讨了人的真正生活的"王国"，或"正午的思想"照耀下的"伊甸园"。他在"请予刊登"中说到"王国"这一概念："书名的王国，它同我们正要找回的某种自由而不加修饰的生活相吻合，最终获得了新生。"

加缪的"王国"，指的是人的真正生活地——自由的、充满阳光的生活。在小说集《流亡和王国》中的一篇《哑巴》中，主人公的生活是这样的："水深而清澈，烈日，少女们，躯体享受生活，在他的国度里，并无其他幸福。"

在原本属于小说集《流亡和王国》中的一篇小说《堕落》中，加缪通过主人公克拉芒斯之口给"伊甸园"下了这样的定义："同生活直接接触。"克拉芒斯说："这曾是我的生活。"在长篇独白的结尾，克拉芒斯满怀深情地说："喔，阳光，海滩，信风拂过海岛，青年时代的回忆令人断魂！"这是对人的生存的真正王国的回忆。当人失去纯真之后，人就在荒谬中"堕落"了。

"王国"就是人不要客居他乡，而要回到自己过宁静生活的家园。只有回到家园的生活，才是幸福的生活。在剧本《误会》中，返回家乡的让说出了他向往的与现在生活之地完全不同的理想生活之地："客居异乡，或者在忘却中生活，是不可能幸福的。不能总做异乡人。我要返回家园，使我爱的所有人都幸福。我的目光也就这么远。"实际上，就是"这么远的目光"也不是所有人都能看到的。而向往回到自己生活的家园，则是每个人心目中长久的梦想。

回归纯朴生活：小说《第一个人》

人过阳光主题的生活，是哪一种生活、哪一种真正的生存呢？面对一个充满着荒谬的旧世界，有历史使命感的作家有责任为人们创立一个全新的人类模型。加缪认为，在荒谬的现代世界，成为一个回归自我善良本性的"新人"是可能的。

早期的加缪在创作中曾努力塑造"新人"形象。加缪在早年小说《局外人》中，就想要塑造一个全新的人，一个正面人物。他在写给美国大学出版社出版《局外人》的序言中说："倘若你在阅读《局外人》时，看到一个无任何英雄行为而自愿为真理而死的人的故事，那么你对这本书的意义并没有多大误解。有时我也会说（始终不合常情），我曾试图充当作品中的主人公角色，这是我们唯一配得上的基督。在我这番解释之后，你们将会明白我说这些并无任何渎神的意思，而仅仅是怀着一位艺术家对自己创作的人物有权拥有的略带讥讽的热爱。"

娜塔莉·萨洛特在当时发表的一篇关于《局外人》的评论文章中也如此揭示道：在书的结尾，当默尔索感到有些事不妙时，娜塔莉说："我们终于看到了！这个年轻的职员是如此朴实，如此刻板，在他身上，我们看到了一个我们期待的新人形象……"罗歇·格勒尼埃说："人们把他（默尔索）称为失落的知识分子、不信教的神、反英雄，还有，往往称他为荒谬的英雄。"

后期的加缪在创作中仍在努力探讨"新人"形象。在他车祸罹难后，人们在他的提包里发现了一部长篇自传体小说《第一个人》（或译《新人》）的部分手稿，手稿溅上了作家的鲜血。这部手稿一共写了一百四十四页，书后附录有五份插页，还有一些笔记、提纲和他与童年时代的恩师日尔曼的两封通信。手稿残缺不全，书中有许多模棱两可的字、无法辨认的词、原稿页边补充的文字，也有不少疏漏之处，如人名前后不统一，结构松散且不完整。

据《阿尔贝·加缪》的作者罗特曼说，加缪写此书已酝酿了二十年，他想把它写成一部《战争与和平》式的巨著，写一部"自己真正的作品"。这部书在 1958 年正式动笔，计划于 1960 年 7 月完成。但 1960 年 1 月 4 日发生的车祸，使加缪没有来得及写完这部小说。加缪的未竟遗作《第一个人》经他的女儿根据从车祸现场找到的手稿整理，在他逝世三十余年之后，由伽利玛出版社出版。

《第一个人》是一部自传性很强的作品，讲述了一个法籍阿尔及利亚男孩雅克从出生到四十岁之间的经历，描述了雅克寻父的过程，以及对快乐曲折的童年生活的回忆。手稿《第一个人》已完成的部分，恰好把加缪的人生链条大致接续完整。

作者不是以第一人称，而是用第三人称写的。小说的情节很简单：1913 年小说主人公雅克·高梦诞生不久，第一次世界大战爆发，其父应征入伍，后来牺牲了。不满一岁的雅克成了战争孤儿，母亲将他托付给外祖母管教，自己由于精神刺激和生活重负，变得有些麻木。所幸雅克有一位慈父般的小学老师，给了他很大的安慰。雅克在贫困中独自长大，直到有一天，人到中年的他路过圣布里约，第一次见到父亲的墓碑。面对这个死时比他年轻得多的父亲，他萌发了要去寻找父亲的足迹、寻找过去的决心。这个男孩所经历的，绝大部分就是加缪本人的亲身经历，书里的故事也就是他的故事。

《第一个人》的故事里有加缪对死亡的质疑。在这部小说里，提到了各式各样的死亡，正义的、荒诞的、模糊不清的、身染重疾的、强迫的。每一种死亡随同时间悄无声息地流淌着。

以异性身份出现在青春期懵懂的雅克面前的女人拉斯兰太太，使雅克有了意识觉醒。有一次，雅克偶然看见了她"短裙下两只分开的膝盖和花边内裤里的大腿……这个突然的发现使他张口结舌，一种几近疯狂的颤抖涌遍全身，某种神秘朝他揭开了面纱"。这种猛然发现自己"面前的异性"所带来的巨大心理冲击，是每个人都曾有过的。雅克成长过程中的另一个异性，加缪只是在《周四与假期》这一节的末尾说了一句："他刚刚被任命为校足球队的守门员，三天前他还晕晕乎乎地第一次品尝到了一位少女的双唇。"

由于加缪的突然逝去，写到这儿作品就结束了。在该书第一部第二节，雅克已经以一个四十岁中年男人的面目出现了。从品尝初吻到四十岁之间这段漫长时光发生的事，加缪给读者留下无限的遐想与遗憾。

1994 年，加缪的未竟遗作《第一个人》出版后，立即引起轰动。人们分析和探讨这部作品所要表达的主导思想，提出了种种不同的猜测。阿隆森教授对《第一个人》的评语是："它包含了一个贫穷但天资聪颖的黑脚法国人甜蜜的童年记忆，以及工人阶级——也就是社会党人殖民者——用双手创造自己的国家的法属阿尔及利亚神话。"其他人则猜测，在这部书中，加缪想要描述的，是人在经历过荒谬与反抗之后，作为真正自由的人所应该过的纯朴自然的生活。这种真正意义上的生活是自由的，合乎人的天性的，独一无二的"第一个人"，一个崭新的"新人"。

三、爱情系列

爱情主题

在加缪的作品结构中，除了"荒谬主题"和"反抗主题"之外，还有一个"爱情主题"。

在加缪 1944 年至 1945 年间《记事》中，提到了这个关于爱情的作品系列的写作计划。可见，早期加缪是将它作为一个作品系列，或者说，是作为他思想结构的一部分来考虑的。后来，在 1957 年于斯德哥尔摩接受诺贝尔文学奖时，加缪再次申明自己是按一整套作品结构进行创作的，其中设想了第三类作品——环绕爱情这个主题。这表明，人类生活中最重要的内容爱情，是加缪悉心加以探索的一个方面。

在这个主题上，加缪提出了许多新颖的思想。如加缪在《婚礼》中说："若无生之绝望，便无对生活的爱。"在小说《鼠疫》中，描述了荒谬主题下的爱，揭示了世界的荒谬造成了人类爱情的荒谬化。在小说《堕落》中，加缪描写了阳光主题下的爱："全心全意的完全的爱情"是小说中主人公克拉芒斯所梦寐以求的；在剧本《正义者》中，同样描写了阳光主题下的爱。加缪借多拉之口说，如果为正义而奋斗就一定意味着死的话，"那我们就没有走在正路上。正路就是通向生活，通向太阳之路"。生活是什么呢？多拉说，生活就是爱。

但是，加缪的突然去世，使人们再也看不到他在爱情主题上所要表达的全部思想，而只能在他已经完成或未完成的作品里管中窥豹。如在他的《记事》中，就有一个取名为《黛雅妮尔》的爱情小说的写作计划，在一篇笔记中，只写了几行就突然中断的字句使我们看到了鲜明而优雅的女主人公的样子："很久以前的一天，在杜伊勒利公园里，我本想当时就拉住她，她走到我跟前，身穿黑裙，白外衣的袖子卷着，头发披散着，笔直地站在那里，面容端庄。"

这篇有关爱情的小说和其他许多作品并没有写下去，因之他的"爱情主题"也没有形成系统的作品、思想系列而存留于世。对他在这方面所要说的，他有什么样的高妙思想，人们只能得知片断，而无缘得知和分享其全部。

爱的荒谬

爱情是人生活中一个重要的组成部分，也是存在主义哲学所努力探讨的一个重要主题。加缪自己的爱情生活就是非常丰富多彩的，是他热爱生活的表现。

1934 年 6 月 16 日，加缪娶了据说是当时阿尔及尔全城追求者最多的姑娘西蒙娜·依埃为妻。婚后，加缪住在阿柯姨父家里。不过，阿柯姨父反对加缪同西蒙娜·依埃的婚事，说一个穷大学生和一个富家女儿结合不会有好结果。加缪决定搬出姨父家，在西蒙娜母亲的帮助下住进了阿尔及尔山丘上依特拉公园里的"凉爽村舍"别墅。他每天清早坐有轨电车到省府汽车执照科上班。在这个时期，加缪着手写《贫民区之声》。在1934 年圣诞节，加缪将《贫民区之声》题献给他的妻子。不久又加以修改以后，取名为《反面与正面》。

结发妻子西蒙娜有痛经的毛病，从 14 岁开始就注射吗啡，并且慢慢上了瘾。为了获得她需要的毒品，她常常去勾引年轻的医生。加缪以为结婚能治愈她，可西蒙娜在婚后仍恶习不改，继续吸毒。她的服饰和行为也非常荒诞，加缪的朋友把她说成是"从《恶之花》中走出来的女人"。这种生活使加缪常常烦恼不安，而西蒙娜也对加缪越来越冷淡。

当时，为了报复西蒙娜使自己蒙受的创伤，加缪在一段生活时期内，拒绝与女性保持持久专一的关系，成了一个勾引女性同时蔑视女性的"唐璜"。据说他同时拥有好几个女友，都很年轻，他的发妻曾因此数度精神崩溃。加缪的习惯是每找到一个新的女伴时，并不放弃旧的，她们似乎都愿意分享他的生活。最后，两人的关系恶化，无法挽回。结婚不到两年时间，1936 年 6 月加缪同西蒙娜·依埃分手。

第一次婚姻的失败，对加缪的人生产生了巨大的影响。当时，他像是"堕入了地狱"一般，感到绝望，承受着失败婚姻带来的伤痛和孤独的冲击。从此，他那种异乎寻常的傲慢、过分的敏感和"非洲人脾气"暴露无遗，成了一头"有非凡勇气和傲慢灵魂的斗牛"。

据说，加缪曾有一个漂亮迷人的情人，但不久她就死了，从此加缪变得有些自闭，脾气很坏。他在众人面前总是喜欢端着架子，一本正经。波伏瓦说："后来他总是装出一副大人物的派头，夸大自负，而以前他是一个很愉快的、挺逗人喜爱的青年作家。他被荣誉冲昏头脑了，显得幼稚可笑。"实际上，加缪自己也意识到他在公开场合的形象与他真实的自我截然不同，这种差别使他十分沮丧。加缪和萨特、波伏瓦以前就经常吵架。用波伏瓦的话来说，他太容易勃然大怒，太容易被激情俘虏。

法国著名哲学家阿尔都塞的学生、法国人贝尔纳·亨利·列维在《萨特的世纪》一书中，谈到导致萨特和加缪关系彻底破裂的那场著名的公开论战，还提示导致关系破裂中掺杂有个人因素，即与女人有关。列维说，因为加缪受到萨特情人的喜爱，导致萨特对加缪的嫉妒；他还引了萨特于 1944 年初给波伏瓦的信为证。萨特晚年谈到这一问题时说，有一个女人同自己有恋爱关系，同时她又与加缪有密切来往，后来她与加缪的关系破裂了，加缪为此迁怒于萨特。

一直到 1940 年，加缪在里昂遇到了年轻漂亮的奥兰姑娘弗朗西纳·富尔。两人相恋不久，12 月 3 日，他们结婚了。富尔在大学里学的是数学，她能弹奏钢琴。加缪庆幸自己这次找到了自己心目中那个"具有灵魂、能与之做爱、与之交流、一起散步"的终身伴侣。

爱情是人类生活中最重要的美好元素之一，加缪歌颂生活中的爱情，揭示没有爱的世界是荒谬的世界。在他看来，有爱情的世界才是人所能生活的世界，没有爱情的世界是死亡的世界，也是一个荒谬的世界。

在《鼠疫》中，加缪描绘了一个没有爱的荒谬的世界是一个什么样的世界：到处充满了死寂，缺少欢乐，根本无法生存。1946 年，当加缪在美国访问时，他在《记事》中突然中断了他旅行印象的记录，而写了这样一句话："《鼠疫》：这是一个没有女人的世界，因此无法生存。"的确，在小说中，人们可以看到，在封城后，外来的记者朗贝尔"在那里体验到了处于绝境中的人在看到了外面的自由时所产生的憎恶之感"。他告诉里厄医生，说他"喜欢一早四点钟醒来思念他的家乡，医生不难从他本身的经验理解为他那时是在思念他那留在外边的女人，因为这是在思想上真正占有她的最好的时刻。凌晨四点的时候通常人们什么都不做，在睡大觉，即使度过一个不忠实于爱情的夜晚后也是这样。不错，这个时候人们在睡觉，这时的思念能令人心安，因为一颗不落实的心渴望永远占有他心爱的人儿，而心上人不在的时候，就渴望能使她进入无梦的酣睡中，直到团圆之日才醒来"。

在小说《鼠疫》中，加缪在《记事》中写道："实际上：小说中只有男人。"的确如此，在这部小说中，没有女性形象。女性在作品中没有出场：里厄医生的妻子在作品开头就离家养病，不久就去世了。朗贝尔的心上人始终同他分离，克朗的妻子早已离他而去，里厄医生的母亲则是一个不说话的沉默女人，两人在静默中相守。

小说中为什么没有女性形象呢？其实，这是加缪有意安排的。他给这部小说确定的主题是分离，那么，男人与女人在巨大灾难中的分离，是这种分离的一个组成部分，表明了灾难的一个侧面。加缪设计的奥兰城瘟疫场景是这样的：在一座近似被围困的城市里，女人没有自己的位置，出现了生活上的缺席，从而使爱情出现了真空——这是一个无爱情的死寂的世界。对此，加缪在《鼠疫》中设计了这样一个场景：当里厄医生偶然发现克朗在流泪时，他"知道此刻流泪的老人在想什么，而他的想法同老人一样：这个无爱情的世界犹如一个死亡的世界，人们迟早会厌烦这监狱般的生活，厌烦劳作并失去勇气，而去寻求一张活生生的脸和充满柔情的欢悦的心"。

对于一个热爱生活的人来说，爱表明了生活中所具有的美感，是感性世界中最崇高的情感。里厄医生说："世上没有任何东西值得人们背离自己所爱的了。"在此，他给予爱的位置是至高无上的，因为它确实关系到每个人生活的真正幸福所在。

唐璜主义

爱情的世俗本质是什么？这是人生活在荒谬世界中要考虑

和选择的重要问题。为了回答这个问题，加缪以流传于欧洲的经典人物"唐璜"为个案进行了研究，提出了"唐璜主义"的见解。

1937年，为了纪念俄国诗人普希金逝世一百周年，加缪的劳动剧团上演了普希金的《唐璜》这出剧，加缪参加了演出，并扮演了唐璜。从1940年4月开始，加缪就想自己写一部关于唐璜的剧本。在《记事》中，他作了笔记，写了一些对话片断，还有他在拉罗斯大词典中发现唐璜是被方济各会修士谋害致死的，而这些修士却声称他是遭上天雷劈而死的资料。加缪打算把唐璜的神话和浮士德的神话融为一体，创造一个唐·浮士德。到1952年，加缪想把莫里哀的《唐璜》搬上舞台。1956年2月2日《快报》中，加缪发表了一篇纪念莫扎特诞生二百周年的文章，其中提到了莫扎特的《唐璜》，"请听伴随唐璜入场的胜利节拍。在天才中，有这种不可压制的独立性，它具有感染力"。

在出版于1942年的《西西弗的神话》一书中，加缪提出"荒谬者"概念并列举了多个实例，其中在爱情生活方面举了唐璜的例子，并以"唐璜主义"为题，从理论上探讨了男女之爱的荒谬化问题。

加缪提出，唐璜的动机是纯粹形而上学的，更具普遍意义。在世人眼里，唐璜通常象征着一个普通的诱惑者，而且是男人诱惑女人的象征。他是一个普通的诱惑者。除去这个区别外，他还是有意识的，也正是因此，他是荒谬的。但是，加缪指出，唐璜并不想"收集"这些女人，而是要穷尽无数的女人，并且与这些女人一起穷尽生活的机遇。要与女人重复地享受生活中所有的爱情过程。对于这一点，加缪说："如果仅仅去爱就足够了，那事情就再简单不过了。人越爱，荒谬就越巩固。唐璜并不是由于缺少爱情才追逐一个又一个的女人。若把他看作一个意欲猎取完整无缺爱情的光明幻影的代表，那才是滑稽之极。但恰是因为他通过同等的行为而且每次都以这样的行为的全部去爱那些女人，他就应该重复这样的颂歌和深爱。因此，每个女人都希望给予他任何别人永远不曾给予过的东西。她们每一次都深深地被欺骗，而仅仅是使他能够感觉到对这种重复的需求。她们之中的一个高呼：'总之，是我把爱情奉献给你。'而唐璜惊奇地笑道：'总之？不！而是又一次。'"

男女之间的爱情生活，并不是"同一个女人睡觉，做爱"。在 1942 年《记事》中，加缪写道："若不谈情说爱，女人是令人讨厌的。女人并不知道这一点。应当同一个女人安分守己地过日子，或是同各种女人睡觉，做爱。最要紧的不在于此。"在此，加缪提出了这样的问题，这些爱的形式都被加缪所否定，因之，男人和女人的爱，"最要紧的不在于此"。那么，爱最要紧的在于什么呢？这是典型欧洲式的唐璜主义爱情观的真正奥秘所在。

加缪说，男女之间的真正爱情是作为人类本质的一个侧面，它有情，有欲，是"明亮和快乐的事情"，同时，爱是一种关乎人的解放的力量。

在加缪看来，爱情作为生活中最令人快乐的事情，同样具有形而上学意义。这就是：唐璜"向上帝要求什么样的归宿呢？而这特别体现一种全部沉浸于荒谬之中的生活逻辑结果，体现了一种义无反顾拼命享乐的存在的疯狂结果。在此，享乐最终结束了苦行禁欲"。这种享乐给人带来了快乐，战胜了生活中的忧郁。加缪说："直至肉体死亡临头，唐璜都不知何为忧郁。而从他一知道忧郁的时候起，他的笑声就爆发出来，而且这就使人们原谅了他的一切。"

加缪的"唐璜主义"所要表达的观念是，爱情生活是人类最健康的肉体和精神生活之一。"唐璜支配着自己的欲望。如果他离开了一个女人，那并不绝对地是他对她没有欲望。一个美丽的女人总是可欲的。而是因为他要得到另一个女人，不，这并不是一回事。"因此，"唐璜对他的生活心满意足，再也没有比失去这种生活更糟糕的了。这个狂人是伟大的智者"。

与此同时，加缪进一步揭示道：主张爱情是奉献一切的人，其实是没有明白一个道理，而唐璜"却是寥寥可数的几个明白重要的事情并不在此的人之一。他还清楚地知道，那些为一种伟大的爱情而脱离自己全部生活的人可能会日益增多，但是可以肯定，可供他们爱情所选择的人则会日益减少……一种单独的情感，单独的存在和单独的面孔，这一切都被吞噬了。震撼唐璜的是另一种爱情，这就是解放的力量。他与这种力量一起开创着世界的各种面貌，而他的呻吟则是因为他知道自己是要死的"。在加缪的心目中，真正的爱情不是男人和女人长相厮守，而是互相给予"另一种爱情，这就是解放的力量"。

正是由爱情而生成的这种解放的力量，才拯救了自己所心爱的人。加缪说："只有一种慷慨的爱情：那就是知道自己是短促而又同时是特殊的爱情。正是所有这一切的死亡与再生编织成为唐璜生命的花环。这就是唐璜所确定的而且要赋之以生命的方式。"

在43岁时，加缪创作了中篇小说《堕落》，通过具体的人物形象再次生动地回答了男女关系中关于爱情的本质问题。据研究者称，这是加缪对唐璜主义的真实论述。在小说中，主人公克拉芒斯试着去爱，当个情人，他生活放荡不羁，却又想当禁欲的圣贤。克拉芒斯用大段独白谈到他对女人的这种矛盾心态："首先应当明白，在女人方面，我一直很成功，而且不用费大力气。我并不是说成功地使她们得到幸福。不，是成功，仅仅只是成功。由于总是重新开始，人们染上了一些习惯。很快，无须思索，开口便是长篇大论，反应随之而来：总有一天会出现这样的情况——搞女人而无欲望。我当时曾想以某种方式不再近女色，并过规矩的生活。总之，她们的情谊对我足矣。但是这等于弃绝取乐。除了欲望，这些女人使我厌倦得无以复加，看得出来，我也同样使她们厌倦。不再去取乐，也不去剧场，我无疑置身在真实之中。而真实，我亲爱的朋友，是令人厌倦的。"

在那天夜里，克拉芒斯走在卢瓦亚桥上，看到一位少妇在桥上"投入河中"（投身欲望之流）而自溺时，她需要这个男人的"拯救"，她发出求救的呼声，但克拉芒斯由于怯懦而没有回身救她，使对她的呼声不作出反应的男人从此成为"罪人"。这实际上是加缪所设计的一个关于男女爱情的隐喻，是关于现代男人与女人在性之欲望上走向"堕落"的隐喻。

加缪从早年所写的充满欢悦和阳光的《婚礼》开始，到中年写下大受创伤的《堕落》，最终想说的是，男人和女人之间所需要的不是只有肉体或只有情谊的"荒谬爱"，最要紧的在于真正的相互之间"存有一份情谊和欲望的爱"。正像加缪在中年时所发表的小说集《流亡和王国》中的《哑巴》里所描述的："水深而清澈，烈日，少女们，躯体享受生活，在他的国度里，并无其他幸福。"

在加缪的心目中，真正的爱情，就是那种生活在阳光下的人所具有的感性的和美好的躯体之爱，只有这种合乎人类本质的、具有解放力量的爱，才是现代男人和女人所真正需要的。

蒂巴萨的境界

正午的思想中关于爱的元素，被加缪描述为一种绝美的"蒂巴萨的境界"。加缪认为，人通过爱情，在那充满活力的双唇上，可以理解这个世界的意义。也就是说，人们通过爱，可以理解真正的人的世界。

在他看来，对女人的激情和爱，是对美与官能愉悦的美好追求，这是合乎人性的爱的权利。"我在这里明白了什么是光荣，那就是无节制地爱的权利……抱紧一个女人的躯体，这也是把从天空降下大海的那种奇特的快乐留在自己身上。"加缪小说《堕落》中的主人公克拉芒斯梦寐以求的是"全心全意的完全的爱情，日日夜夜，在不间断的拥抱之中的、享乐的、令人狂热的爱情，就这样连续五年，然后死去"。

在写于 1936 年前后但生前并未发表（直到 1971 年才在《加缪札记》中与读者见面）的小说《幸福的死亡》中，主人公梅尔索在谋杀扎格尔之后去中欧旅行，他同维也纳的舞女过夜。这个舞女是个为人正直的妓女，分手时，她吻了他双颊，这使梅尔索十分感动。当他返回阿尔及尔后，"三头小母驴"，罗丝、克莱尔和卡特琳娜给予了他女性的友情所能给予的最美好的东西。在这些姑娘们的住所，在他们的"面对世界之屋"，在那凉爽的、满天星斗的夜晚，他发现同姑娘们一起分享自己与天地的沟通具有迷人的魅力。他们一起寻找的是类似的东西：这些年轻人沉浸在幸福之中，散发着青春的气息，城市、夜晚、海港使他产生对"温泉的渴望，产生无穷的意志力，在那充满活力的双唇上去理解这个无人性的、觉醒的世界的意义，犹如在她嘴里封闭着的沉默"。

在人们的爱情生活中，加缪发现了人应该追求的"光明"。他说："那些年中，我隐隐地感到缺了点儿什么。当人们一旦有机会强烈地爱过，就将毕生去追寻那种热情和那种光明。"这种被充满了光明的爱，也就是人所固有的爱的权利。

在蒂巴萨，当地人为加缪竖立了一块纪念碑，日日沐浴着海风的吹拂，石碑上镌刻的铭文正是《蒂巴萨的婚礼》中的那句引文："我在这里明白了什么是光荣，那就是无节制地爱的权利。"

《蒂巴萨的婚礼》是加缪1935年到1936年间完成的早期作品，在这篇文章里，加缪提出了爱的权利。蒂巴萨离阿尔及尔约七十公里，这是一处罗马时代残留的遗址，那里的风光酷似希腊，古罗马的遗迹沿着便道一直伸展到海边，是一个有名的风景区。年轻的加缪游览此地时，感到自己是"太阳和大海民族"的儿子，他在这种感受里找到了宁静和爱情之间的和谐。他写道："重要的不是我，也不是世界，而仅仅是和谐和沉默，沉默在我身上产生了爱。"

这种爱的权利，加缪将它表述为一种至美至真的"蒂巴萨的境界"。加缪告诉世人：这是一个有神的王国——"春天，蒂巴萨住满了神祇"。加缪喜欢拿希腊人与现代人作对比，比较了唯美与功利，还比较了理想主义与现实主义。在《海伦的放逐》里，他说："我们放逐了美，而希腊人为美而斗争。"他告诉人们，神祇们连打仗都是在书写艺术杰作，而现代人打仗则只为了权力与财富。

《蒂巴萨的婚礼》是加缪式意象最早的集中展示——阳光、大海、鲜花、石头，这些事物从此星星点点散落在他的文章和小说里，它们笼罩着一层神话气息，在尘世中圈出一块可通神明的净土。

加缪是一个对现实生活充满热爱的乐观主义者。"蒂巴萨的境界"表明的是对真的追求，见证真实的生活是最具有意义的生活。在 1958 年，加缪在《记事》中写道，"真实是唯一欢乐而充满生气的力量，热爱真实的人是不会衰老的"。他一直把尼采的这句话当作自己的座右铭："任何苦难都无法，而且永远无法让我对我所认识的生活作伪证。"他在小说《局外人》中，也表达了这样的观念。主人公默尔索虽然在扭曲的生活中被变成"局外人"，但他活得真实。默尔索是靠自己来生活的。加缪在为美国版《局外人》写的序言中说："他远非麻木不仁，他怀有一种执着而深沉的激情，对于绝对和真实的激情。"

1948 年，在写作《蒂巴萨的婚礼》十余年后，加缪邀请他的好友、作家纪约同游蒂巴萨，并写下新篇《重返蒂巴萨》。在文中，加缪用阳光、大海和美来引导世界走向道德的绝对和谐，和人们一起重新体味爱如一首田园诗，而由爱情所带来的幸福则是独一无二的，也是转瞬即逝的。他说，"放弃美，放弃与美相连的官能幸福，专一地为不幸效劳，这要求一种我所缺乏的崇高。"这个崇高，是带引号的。

第 5 章

未竟之志

> 作为一个艺术家和道德家，通过一个存在主义者
> 对世界荒诞性的透视，形象地体现了现代人的道德良
> 知，戏剧性地表现了自由、正义和死亡等有关人类存
> 在的最基本的问题。
>
> ——诺贝尔文学奖给加缪的授奖词

一、和平主义理想

阿尔及利亚情结

加缪是出生在阿尔及利亚的下层法国人，无论对法国人还
是阿拉伯人，他都怀有深厚的感情，心中有一个挥之不去的
"阿尔及利亚情结"。在早年，加缪曾以"阿尔及尔之夏"为主
题，写下了一系列对贫穷但富有生活气息的家乡的赞歌。

1952 年年底，加缪返回北非度过了一段时间。他来到撒哈
拉沙漠，游览了过去从未到过的绿洲城市。当他还想往南去
时，就听到了那里即将发生暴动的消息。于是，他再次来到蒂

巴萨，试图寻找某种感动过自己的东西。阿尔及尔下着绵绵细雨，"最后竟连大海也打湿了"。加缪一踏上故土，就感到阿尔及尔不再像过去那样，象征着令他宽慰的夏天了。"然而，我依旧固执地等待着……也许是重返蒂巴萨的时刻吧。"

法国把阿尔及利亚看作一个海外省，视为法西斯分子、贝当分子与其他坏人的杂居地。为反对法国的殖民统治、争取民族独立，阿尔及利亚民族解放阵线在 1954 年 11 月 1 日万圣节夜起义，爆发了阿尔及利亚战争。从 1954 年一直到 1962 年，阿尔及尔民族主义者不断袭击殖民地当局和普通的法国人，法国方面则派出军队镇压阿尔及利亚的民族独立运动。阿尔及尔的不少公共场所成了爆炸目标，平民成为武装袭击的牺牲品。一直生活在阿尔及尔的年迈的母亲和其他亲人，被卷入这场战争之中，这令加缪非常担心。加缪的母亲两耳失聪，双腿行动不便。

面对自己的祖国阿尔及利亚的长期骚乱与战争，加缪写文章倡导和平，指责法国在阿尔及利亚的殖民统治，谴责法国殖民政府"愚蠢的镇压"，呼吁法国政府结束殖民地统治。当时的法国总统法朗士和内政部长密特朗宣称："阿尔及利亚就是法国。"而加缪在 1955 年 10 月《快报》上发表文章，明确指出"阿尔及利亚并不是法国"。加缪说，法国政府"左手拿着《人权宣言》，右手拿着用来镇压的警棍时，还能以文明的创立者自居吗?"1956 年 3 月 12 日，包括法共议员在内的法国众议院投票授予政府向阿尔及利亚大量增兵的特别权力，而 1957 年 12 月加缪在斯德哥尔摩回答学生提问时则表示，他尊重因道德或信仰原因拒服兵役的年轻人，呼吁给他们以合法地位。加缪尽力救援因武装行动而被法国殖民当局逮捕判刑的阿尔及利亚解放阵线成员。据当时的知情人让·达尼埃尔和日尔曼·蒂利翁回忆，从 1955 年到 1957 年，加缪一共介入了一百五十宗救援案件，后来他在斯德哥尔摩向那个阿尔及利亚学生所暗示的就是这些救援行动。

与此同时，加缪也谴责反殖民的阿尔及利亚游击队的恐怖主义暴力，反对阿尔及尔人的"血腥暴行"。他对阿尔及利亚穆斯林恐怖主义者说：民族独立和平等的诉求，并不能取得"屠杀和恐怖的权力"。并不断地呼吁法国人与阿尔及利亚穆斯林和平共处。

为和平主义理想奔波

从 1954 年 11 月阿尔及利亚战争爆发起，加缪就被卷入到法国与阿尔及利亚的冲突中，不断受到来自左翼和右翼两个阵营的责难。两个阵营的人都认为自己有足够的理由指责加缪：支持阿尔及利亚解放阵线武装行动的法国左派，指责加缪这个生长在阿尔及尔、视阿拉伯人为自己手足兄弟、从青年时代起就为他们不懈争取政治和社会权利的阿尔及利亚人，没有积极支持穆斯林解放运动。右翼攻击他这个具有法国血统、法国国籍的法国人，没有捍卫法国在阿尔及利亚的利益。加缪对阿拉伯人的同情与感情、他对法国殖民当局的抨击、他在谋求和平解决阿尔及利亚问题上与穆斯林的合作，使得他被右翼势力看作是一个出卖法国国家利益的人。

这种两难境况，使加缪一直处在精神痛苦和孤独之中。当时，阿尔及利亚解放阵线的暴力行动，使他非常担心家人的安危。这种两难境况直接使加缪自己身处危险之中。一个阿尔及利亚的朋友在给他的信中警告说，当地的法国人认为加缪在把阿尔及利亚出卖给阿拉伯人，想要暗杀他。

1956 年 1 月，加缪从法国去阿尔及尔出席由"平民停战委员会"发起、有穆斯林和法国人共同参加的一次会议，旨在探讨争取和平的可能性。在这一期间，他时常收到当地极右势力的恐吓信。

1 月 22 日会议召开时，加缪发表了"在阿尔及利亚实行停战的呼吁"。《阿尔及利亚日报》发表了题为"超脱一切政治立场，加缪为保护无辜平民昨天发出了感人的呼吁"的报道。文中说："当阿尔贝·加缪在进步俱乐部面对着满屋的人讲话时，倘若聚集在政府广场上喊着敌视口号的示威者，能听到他的发言的话，他们也许会为自己的吼叫感到可耻，也许会同全场听众一起长时间地欢呼这位伟大的作家——他们的同胞。因为加缪的呼吁处于这样一个层次：所有无愧于人这个称呼的人，不管他们的政治立场如何，都无法不赞成。"

当时，正在发表演讲的加缪能清晰地听见会场外极端右翼分子的叫喊："枪毙加缪！"会议的保卫人员目睹他们举起手臂行纳粹礼，用石块砸碎会场的玻璃。

在这种情况下，加缪渴望有机会为自己的和平主义理想和立场进行辩护。在一年零八个月的沉默之后，1957 年 12 月加缪在诺贝尔文学奖颁奖后，在一次大学的演讲中得到了这样的机会。他含蓄地提到了自己的艰难处境。在获得诺贝尔文学奖之后，加缪还与戴高乐将军会面，试图说服戴高乐将军采纳他的中间路线的建议。1958 年，加缪将自己多年来有关阿尔及利亚问题的文章编辑为《时文集》Ⅲ公开出版，向更多的人表达了他一贯坚持的和平主义理想。

加缪对双方的和平呼吁没有能够阻止悲剧的发生。1960年，戴高乐将军镇压了针对法国的起义，但在各地活动的"阿尔及利亚解放游击队"仍然继续进行绑架、暗杀，发动针对平民的恐怖袭击活动。1961 年 7 月，他们在萨特住所的楼层安置炸弹；1962 年 1 月，他们炸毁了萨特的公寓。1962 年 7 月，阿尔及利亚最终宣告独立，一百万法裔阿尔及利亚人逃往法国和西班牙。这时，加缪去世已两年了。

二、获得 1957 年诺贝尔文学奖

获诺贝尔文学奖

1957 年，加缪 44 岁。在这一年，他迎来了巨大的荣誉。当年 8 月，加缪在美国的出版商的妻子克诺夫来到斯德哥尔摩，她听到人们议论今年秋天颁发的诺贝尔文学奖桂冠可能属于阿尔贝·加缪。不久，她来到了巴黎，把这个消息告诉了加缪。到了 10 月，有人告诉加缪，电台说斯德哥尔摩盛传他将获得诺贝尔文学奖。加缪的妻子对朋友说："但愿他不会拒绝。"

当月 27 日上午，瑞典新闻界披露，皇家科学院可能已经最终选定了这位法国作家。

中午，瑞典科学院终身秘书安德斯·奥斯特林证实了这个消息：阿尔贝·加缪荣获本年度诺贝尔文学奖。奥斯特林说："因为他杰出的文学作品阐明了当今时代向人类良知提出的各种问题。"他还说："一种真正的道义的介入推动他大胆地、以全部身心谋求解决生活上的各种根本性的重大问题。"

下午，瑞典驻巴黎大使拉纳尔·古姆林来到伽利玛出版社，向诺贝尔文学奖得主正式宣布获奖之事。古姆林大使说："正像高乃依式的英雄，您是一位抵抗运动成员，一位反抗者，能赋予荒谬某种意义并且在深渊的底层支撑着希望的必然性，即使这是一种难以实现的希望，在这失去理智的世界里恢复创

造、行动、人类尊严的地位。"加缪答谢道："谢谢您，并请您向瑞典皇家科学院转达我的谢意。皇家科学院首先选中了我的国家，然后是一个出生在阿尔及利亚的法国人。"

加缪马上给母亲打了电话。母亲告诉自己的儿子，她为此事感到幸福。加缪还写信给诗人阿尔芒·纪贝说："我又返回了阿尔及尔。在那里，能知道对我所遇到的一切，对我得知母亲为此事而感到幸福，我该作何感想。"

11 月 19 日，加缪又给自己少年时的老师路易·日尔曼写信："我让这些天来围绕我的喧闹稍微平息一些再向您倾诉衷肠。我刚刚获得了我从来不曾追求，也不曾希望的过高的荣誉。但是，当我获悉这消息时，我第一个想到的——除了我的母亲之外——就是您。倘若没有您，没有您向我这个昔日贫苦无援的孩子伸出友爱之手，没有您的教诲和您的身教，这一切都是不会发生的。我并没有为自己创造这种荣誉的环境。但是它至少是一次机会：我可以告诉您，您的努力，您的耕耘和您的慷慨胸怀永远在您的一个小学生的心中，尽管年龄在增长，但是这名学生始终对您怀着无限感激之情。"一个月后的《在瑞典的演说》，也是献给这位恩师路易·日尔曼的。

消息传出后，记者们纷纷来到阿尔及尔贝勒科加缪母亲的家中采访。

加缪获奖比任何诺贝尔文学奖获得者所引起的争议都多。这是因为，他在法国意识形态的左派和右派中都树立了不少激烈反对他的人。但是，有许多令人尊敬的法国作家站出来为他说话，并向加缪表示祝贺。11 月 7 日，马尔罗给加缪发来贺信。两位法国诺贝尔文学奖得主马丁·杜迦尔和莫里亚克在《费加罗文学报》上向加缪致以热烈的祝贺。

马丁·杜迦尔称，加缪有坚强的意志，能超越挫人意气的痛苦。他写道："在如今这死气沉沉的日子里，我的同龄人感到自己周围的黑暗变得越来越深重，每日清晨都希求摆脱这个纷争的世界，沮丧和耻辱的因素与日俱增，他们往往感觉到一切都与己无关，在这个时刻，让我们欢迎来自北方的喜讯吧，它一下子冲破了我们这里的黑暗！阿尔贝·加缪获得了诺贝尔奖！作为朋友，我内心充满喜悦。诺贝尔奖，我并未忘记它是多么令人高兴。我对加缪怀有最深切、最信赖的感情……"

曾与加缪就正义和仁慈问题进行争论的、1952 年诺贝尔文学奖获得者莫里亚克，也向加缪表示祝贺，称赞他是年轻一代的良心。他发表文章说："诺贝尔奖最经常是对一部作品和作家一生的奖励。斯德哥尔摩科学院把此奖授予正年富力强的阿尔贝·加缪，不仅是对一位我们都敬重的作家的嘉奖，也是对一种意识的奖励。在我们历史的悲剧性时刻，不管我们中的每个人对向我们提出的问题作何种回答，没有什么比像其他许多作家那样装作不闻不问更为糟糕的了。加缪，他听到了向我们提出的问题，并作了回答。这年轻的声音，整个一代人都对它作出了响应。我想，正是这征服了诺贝尔奖的评审者们。"

英美国家对加缪的获奖表示欢迎。1950 年诺贝尔文学奖获得者、美国作家福克纳也从美国打来越洋电话，"向永恒地自我追求、自我寻找答案的灵魂致敬"。诚挚地祝贺加缪获得诺贝尔文学奖。《纽约时报》称："这是从战后混乱中冒出来的少有的文学之声，充满既和谐又有分寸的人道主义声音。"《时代》周刊则高度赞扬了他的人道主义精神。

获奖答谢演说

1957 年 12 月 7 日傍晚，加缪和妻子在巴黎的北车站乘上了北方快车，还有几个参加观礼的朋友与加缪同行。9 日早上，加缪一行到达瑞典斯德哥尔摩。11 点 30 分，加缪在法国使馆举行了记者招待会。

1957 年 12 月 10 日 15 点，在斯德哥尔摩市政厅的前音乐厅里，诺贝尔奖的颁发仪式开始。瑞典皇室成员出席了颁奖仪式。加缪的妻子坐在国王古斯塔夫六世和他的弟弟威廉亲王之间，她的娴静之美给了与会人士非常深的印象。

加缪身着礼服，同其他诺贝尔奖得主一起站在讲台上。他们先后从讲台上下来，朝给他们颁奖的瑞典国王古斯塔夫六世走去，从国王的手中接过了诺贝尔奖。

瑞典皇家科学院将 1957 年度的诺贝尔文学奖授予了加缪。瑞典皇家科学院发布了本年度诺贝尔文学奖《授奖词》：

"最重要的已经不是追问人生值不值得活，而是必须如何去活，其中包含着承受因生活而来的痛苦。

"就个人来说，加缪已经远远超越了虚无主义。他那严肃而又严厉的沉思试图重建已被摧毁的东西，使正义在这个没有正义的世界上成为可能，这一切都使他成为人道主义者，并且没有忘记在地中海岸蒂巴萨的夏日耀眼的阳光中呈现出的希腊美与均衡……他被一种真正的道德感激励着，全身心地致力于探讨人生最基本的问题，这种热切的愿望无疑地符合诺贝尔奖设立的理想主义目标。他不断地确认人类处境之荒诞，然而在后面支撑的却不是荒瘠的否定论。他的荒谬观可说是由一种强有力的无上诚命所补充，这即是'但是'，是一种要反叛荒谬的意志，他为了要唤起这种意志，因此便创造了一种价值。"

接着，诺贝尔奖得主们和皇室成员去市政府赴官方宴会。加缪在市政府宴会上发表了受奖演说。加缪说：

"一个人常常因为感到自己与众不同才选择了艺术家的命

运，但他很快就明白，他只有承认他与众人相像，才能给予他的艺术、他的不同之处以营养。真正的艺术家什么都不蔑视，他们迫使自己去理解，而不是去评判。

"然而，世界的另一端的一个无名的、饱受屈辱的囚徒的沉默，却足以使作家从流亡中出来，只要他在自由的特权中能够不忘记这种沉默，能够通过艺术的方式使之引起反响。

"无论我们个人的缺陷如何，我们的职业的高尚将永远扎根在两种难以履行的承诺之中：拒绝对众所周知的事情撒谎和抵抗压迫。

"在一种荒唐的历史的二十多年中，我像所有的同龄人一样，孤零零地迷失在时代的动乱中，支持我的是一种模模糊糊的感觉，即写作在今天是一种光荣，因为这一行动承担着义务，不仅仅写作而已。它特别迫使我按照我的本来面目，并根据我的力量来和经历着同一历史的人们承受我们共有的痛苦和希望。

"今天，他们得在一个受到核毁灭的世界中教育他们的儿子和从事他们的事业。我想，谁也不能要求他们乐观。我甚至认为，我们应当理解（同时也不断地与之进行斗争）那些人的错误，他们因日益加重的绝望而要求自轻自贱的权力，一窝蜂地奔向时代的虚无主义。我们得造就一种在灾难性时代生活的艺术，以便获得再生，然后公开地对正在我们的历史中起作用的死亡本能进行斗争。

"那些沉默的人，他们在这世界上只是由于回忆或者重获短暂而自由的幸福，才忍受了强加给他们的生活。"

人们对加缪的演说报以热烈的掌声。加缪知道，他几十年日日夜夜从事的辛勤劳动有了回报。

晚上，举行了舞会。

斯德哥尔摩大学演讲

1957 年 12 月 12 日，加缪应邀到斯德哥尔摩大学与学生对话。在对话的过程中，发生了一场激烈的辩论。奥利维耶·托德在伽利玛出版社出版的《阿尔贝·加缪的一生》一书中对当时的情景加以描述：

加缪先是回答了学生们关于电影、因道德或信仰原因拒服兵役、法国作家和新闻界的自由等问题，之后，提问渐渐转到了当时正日益严峻的阿尔及利亚局势上。斯德哥尔摩大学的学生向加缪询问，在阿尔及尔大学是否存在对阿拉伯人的种族歧视。加缪承认，由于贫穷的原因，能够读得起大学的阿拉伯人要少于法国人。

随后，加缪表示愿意就阿尔及利亚问题发表自己的看法。这时，气氛突然变得紧张起来，一个自称代表阿尔及利亚民族解放阵线的阿尔及利亚留学生走上加缪所在的讲台，厉声指责他三年来没有为阿尔及利亚做过任何事情，然后情绪激动地发表了长篇讲话。

由于他的吼叫和斥责打断了学生们与加缪的理性对话，在场的瑞典学生发出了嘘声。在台上，加缪脸色变得铁青，但仍尽量保持着克制。他向学生们阐述了自己在阿尔及利亚问题上的看法。他说：

"一年零八个月以来我保持了沉默，这并不意味着我停止了行动。我曾经并且始终支持建立一个公正的阿尔及利亚……我可以肯定地告诉你，幸亏某些你所不知道的行动，你的一些同志今天才保存了性命。

"我从来都谴责恐怖。我也要谴责那种例如在阿尔及尔大

143

街上盲目进行的恐怖活动，也许某一天他们就会攻击到我的母亲或我的家人。我相信正义，但是在捍卫正义之前，我首先要保卫我的母亲。"

现场的听众中，没有谁比加缪夫人更懂得他这番话所包含的复杂心情和隐痛。在讲演结束走出学生公寓时，加缪夫人的眼中已经噙满了泪水。

"母亲先于正义"的动人表白引起了争议。加缪作品的瑞典文翻译者比尤斯通当时也在场，据他的回忆，加缪对阿尔及利亚学生的那番话是想说，如果你理解的正义就是不顾后果、针对平民的恐怖活动，那么我的母亲就有可能在阿尔及尔坐上被人放置了炸弹的电车。如果是这样的话，我宁愿保卫母亲而不要这种恐怖主义的正义。

事后，人们认为雷蒙·阿隆在回忆录里对此进行的评论是公道的："我们明白，在对阿尔及利亚的眷恋、儿子的爱和对正义的关切中，他的心被撕碎了，他拒绝在对立的两个阵营中表态。但是，把'母亲'和'正义'放在一起做比较，在我看来这似乎是秀才的语言，而不是判断一个悲剧性的冲突。"

乌帕沙拉大学演讲

1957 年 12 月 14 日，加缪应邀在瑞典乌帕沙拉大学发表了题为《艺术家及其时代》的讲演。

在讲演中，加缪分析了现代社会中纯洁的艺术被"符号化"的现象。他说：

"我们生活在一种社会里，这种社会甚至连金钱（金钱可以引起有血有肉的情欲）的社会都不是，而只是一种金钱的抽象象征的社会。商人社会可以定义为：事物为了符号的利益而消失的社会。当一个领导阶级不再用土地和金条，而用与某种数量的交换活动确切相应的数字来衡量其财富的时候，它就同时把某种类型的神秘化置于它的经验和它的世界的中心了。一个建立在符号之上的社会在本质上被神秘化了。于是，这个社会选择了一种其原则徒具形式的道德作为它的宗教，既可以在它的监狱又可以在它的金融庙堂上写下自由和平等的字样，就不令人感到惊讶了——原则上的自由，为一种事实上的压迫服务。

"最上乘的作品永远是那种使真实和人针对这真实而提出的拒绝获得平衡的作品，它们使对方在一种不断的喷涌中活跃起来，而这种喷涌正是快乐而痛苦的生活的喷涌。于是渐渐出现一个新世界，与日常的世界不同，却仍然是同一个世界，既特殊又普遍，充满了无邪的不安全感，它是由天才的力量和不满一时地产生出来的。是这样，又不是这样，世界什么也不是，又什么都是，这就是每个真正的艺术家的双重的不断的呼声，这呼声使他站立，总是睁大双眼渐渐地为那些处在沉睡的世界中心的人们唤醒一种现实的转眼即逝、瞬息万变的形象，这形象我们认识却从未遇见过。"

加缪指出，不但艺术作品被金钱所符号化，就连艺术品的本质"美"也被扭曲。因此，他号召现代人要和庸俗化作斗争，并反对各种各样的奴役。"美在今天，尤其是在今天，不能为任何政党服务。它只能在或遥远或邻近的日子里为人的痛苦和自由服务。人们今日就像逃避苛求的自由一样逃避这种冒险，以便涌向各式各样的奴役，这至少可以获得灵魂的舒适。只有自由才能使人摆脱孤独，而孤独只能飞翔在孤独的人们的头上。是成千上万的孤独者激起、活跃、保持了这希望，他们的行动和作品每日都在否定历史的边界及其最粗俗的表象，以便让始终受到威胁的真理在一瞬间闪出光辉，而这真理是每个人为了大家树立在各自的痛苦和欢乐之上的。"

在这篇讲演中，加缪提到，历史上曾经可以置身时局之外的艺术家，在如今已经失去了这种自由，不管是否愿意，他都"被迫卷入其中"，或者说，他"被迫从看台上走下来，置身马戏场之中"了。

他的精彩演讲博得了阵阵掌声。这篇演讲词后来收入伽利玛出版社出版的《加缪演讲集》一书中。

三、生命戛然而止

戏剧舞台

在获得诺贝尔奖之后的日子里，加缪积极投身到支持世界各国和平主义者开展的和平运动中。加缪坚定不移地坚持和平主义主张，这种和平主义是他反抗暴力的组成部分，与他反抗恶的立场是相关联的。此间，有一段时间加缪隐居到卢马林写作小说《第一个人》。在他生命的最后一年，他三次前往那里写作这部自己十分珍爱的小说。当时，在他完成改编陀思妥耶夫斯基的剧本《群魔》之后，写道："在消化吸收了《群魔》之后，我们作家的真正的雄心是有一天写《战争与和平》，这是巨大的机遇……"

除此活动之外，加缪还投身到戏剧舞台活动中。他一生热爱戏剧，1959年加缪在电视上发表了《我为什么要搞戏剧》的采访对话。在采访中，加缪说："我为什么要搞戏剧？这个问题，我也经常问自己。至此，我所能找到的唯一答案会使诸位感到平淡无奇，以至失望：仅仅因为戏剧舞台是我在世上感到快乐的地方之一。"他声称："戏剧是我的修道院。"在戏剧活动中，加缪能隐退到戏剧中，避开知识分子圈子中令他不愉快的事。他说："我所知的一点精神力量，是我从足球场上和戏剧舞台上得来的，足球场和舞台始终是我的真正的大学。"

在剧团里，加缪有时直接走上舞台，当起演员来了。他在年轻时就曾在德旁维的《克林古瓦》一剧中扮演傻子奥利维，在《特纳西梯大客轮》中扮演了色伽尔，在他自己创作、导演的《卡利古拉》中扮演了卡利古拉，在《卡拉马佐夫兄弟》中扮演了伊万·卡拉马佐夫等角色。

在戏剧舞台活动中，加缪是以改编开始的，在一些他热爱的题材上，也从事直接的创作。在小说创作等活动中，改编剧本是在两个创作阶段的空隙进行的。加缪改编过许多剧本。有根据马尔罗的同名小说改编的《可鄙的年代》（1936），还改编了《奥赛罗》（1936）、《精灵》（1953）、《对十字架的崇敬》（1953）、《有趣的病情》（1955），根据福克纳的同名小说改编的《对一位修女的追思》（1956），还改编了《奥尔梅多的骑士》（1957），根据陀思妥耶夫斯基的同名小说改编的《群魔》（1959）等。对于这个问题，在电视采访时，记者问道："您自己能写剧本，可为什么要改编剧本呢？"

加缪回答说："当我写剧本时，这是作家在写作，写作得根据作品需要，作品服从于一个更广阔并精心考虑的计划。我改编本子时，是导演按照他对戏剧的观点进行加工。实际上，我相信由同一种思想构思，受同一种思想启迪，由同一种思想指导，并由同一个人写作和导演的完全剧，能使戏剧获得格调、风格和节奏的一致性，而这些正是戏剧的基本的成功手段。由于本人有幸既当过作家也当过演员和导演，因而我能尽力实施这种设想。我于是给自己找来一些本子、译文或改编的作品，然后在彩排时根据导演的需要，在舞台上重新修改。"

加缪自己创作的剧本，直接表达了他的思想，是他整体思想的一个组成部分。这些剧本有：《卡利古拉》（1944）、《误会》（1944）、《戒严》（1948）、《正义者》（1950）。

在他生命的最后日子里，加缪更多地投入到剧团工作中。特别组织了《群魔》的演出。据罗歇·布林的《回忆和言论》一书说："我特别喜欢加缪，他改编的陀思妥耶夫斯基的作品非常优美。这是一项极大的工程。剧中人物众多，我同意参加演出，因为我只有一场戏。我扮演祖父梯科纳。剧中我得大喊一声，而加缪之所以选用我，是因为我大喊一声的方式颇为特别。"他还组织了《奥赛罗》的排练。当时，为了追求自己的戏剧理想，加缪同当时主管文化事务的国务部长安德烈·马尔罗进行谈判，要得到雷卡米耶剧团的支持。据他去世前一周写的一封信说，事情似已谈妥，贷款已解冻。此时，加缪还刚刚同意参加戛纳电影节的评判组，他想了解更多的影片。

车祸

早在 1942 年，法国诗人马克·雅各布从圣·贝努瓦给加缪寄来了一张明信片，上面写的是占星预言，这是根据加缪的生辰来预言的。雅各布写道："我不知道什么会预示您将死于非命。"让人感到惊讶的是，这个预言成了现实。

1960 年 1 月 4 日，加缪买好火车票准备从法国南部回来。这时，他的朋友、著名的出版商米歇尔·伽利玛正好从南方回来，他顺路在卢马林叫加缪一起上车，加缪连车票都没退就坐上了朋友的车。

加缪坐在米歇尔·伽利玛的法塞尔·维加车上，冒着大雨前行。车上还有雅尼娜、阿纳·伽利玛。十四时，由于下雨路滑，车行驶到维勒布勒旺时，突然猛地撞在了路边的树上，小车被撞得粉碎。当时，加缪被抛向后窗，脑袋穿过玻璃，颅骨破裂，脖子折断，当场死亡。米歇尔也在车祸中丧生。

当日，一条电讯出现在各家报纸的电传打字机上："今天，阿尔贝·加缪在桑斯附近遇车祸身亡。"世界各国的报纸纷纷在头版头条刊登了加缪车祸身亡的消息。

当加缪罹难的消息传来时，尽管法国广播电台当时正在闹罢工，罢工委员会仍同意播放五分钟的哀乐以悼念加缪。

在他因车祸罹难后，人们在他的提包里发现了一部长篇自传体小说《第一个人》的部分手稿，手稿上溅有作家的鲜血。这部手稿一共写了一百四十四页，书后附录有五份插页，还有一些笔记、提纲以及他与童年时代的恩师日尔曼的两封通信。

永远的怀念

加缪1月4日遇难，全世界的人感到震惊，发出一片惋惜声，惋惜这位歌颂太阳和大海的文学家和哲学家过早地离世。

1月5日，《纽约时报》对加缪之死发表社论说："加缪在荒诞的车祸中丧生，实属辛辣的哲学讽刺。因为他思想的中心是如何对人类处境做出一个思想深刻的正确回答……人们毫不感到意外，我们的时代接受了加缪的观点。血腥的二次世界大战，可怕的氢弹威胁，这一切使现代社会能够接受加缪严肃的哲学，并使之长存于人们的心中。"

1月7日，萨特发表了纪念加缪的《致哀词》。萨特满怀深情地回忆起他们的过去："他和我之间发生过争执：争执，这并没有什么——即使我们再也不见面——而这恰恰是我们在这个狭小世界里互不忘却、共同生活的另一种方式。这并不妨碍我经常想到他，在他阅读过的书报的篇页里感到他的目光，并且自言自语说：'他会怎么说呢？他在此刻怎么说呢？'……无论加缪可能干些什么或作出何种抉择，他始终是我们文化领域里的一支主要力量，始终以他自己的方式体现着法国和本世纪的历史。"最后，萨特动情地说："对于所有爱过他的人来说，他的死包含有一种难以忍受的荒谬性。"萨特的纪念文字，是加缪获得的最高评价。

　　加缪的好友、美国作家、诺贝尔文学奖得主威廉·福克纳也发表了悼念文章《阿尔贝·加缪》。福克纳说："加缪说过，诞生到一个荒谬世界上来的人唯一真正的职责是活下去，是意识到自己的生命，自己的反抗，自己的自由。他说，如果人类困境的唯一出路在于死亡，那我们就是走在错误的道路上了。正确的道路通往生命，通往阳光。一个人不能永无尽止地忍受寒冷。因此，他反抗了。他就是不能忍受永无尽止的寒冷。他就是不愿沿着一条仅仅通向死亡的道路走下去。他选择的道路是唯一一条可能不光是通向死亡的道路。他所遵循的道路通向阳光……人们会说他太年轻了，没有时间来完成自己的事业。但这不是'多久'的问题，也不是'多少'的问题。这仅仅是'什么'的问题。当那扇门在他身后关上时，他已经在门的这一边写下了与他一同生活、对死亡有着同样预感与憎恨的每一个艺术家所希望的事：'我曾经在这个世界上生活过。'当时，他正在做这件事。也许，在那光明的一瞬间他甚至意识到自己已经成功了。他还有何求呢？"

附　录

年　谱

1913 年　11 月 7 日，生于阿尔及利亚君士坦丁省的蒙多维村。

1914 年　父亲在第一次世界大战中阵亡。

1918 年　进入培尔克公立小学就读。

1923 年　考入阿尔及尔公立中学。

1930 年　中学毕业。

1931 年　以半工半读方式进入阿尔及尔大学哲学系。

1934 年　第一次结婚。加入法国共产党。开始从事戏剧活动。

1935 年　6 月，获得哲学学士学位。创办剧团，任导演、编剧、演员。

1936 年　离婚。

1937 年　退出法国共产党。《反面与正面》出版。

1938 年　参与比阿《阿尔及尔共和报》的创刊和编辑工作。完成《卡利古拉》《婚礼》的写作。

1940 年　到巴黎当《巴黎晚报》记者。第二次结婚。

1942 年　参加地下抗德组织"战斗"在里昂的支部。小说《局外人》出版。

1943 年　同萨特结识。随笔集《西西弗的神话》出版。

1944 年　在《战斗报》担任主要领导职务，发表许多社论。《误会》一剧公演。剧本《卡利古拉》《误会》出版。

1946 年　赴美国旅行访问。

1947 年　小说《鼠疫》出版，获得巨大成功。离开《战斗报》。

1950 年　剧本《正义者》出版。

1951 年　随笔集《反抗者》出版，引起激烈论战，并与萨特决裂。

1954 年　《夏天》出版。

1955 年　赴希腊旅行。

1956 年　赴阿尔及利亚旅行，呼吁法国与阿尔及利亚停战。小说《堕落》出版。

1957 年　获诺贝尔文学奖，成为年轻的获奖者之一。小说集《流亡和王国》出版。

1960 年　1 月 4 日，因车祸身亡。

主要著作

1. 《反面与正面》（1937 年）。

2. 《婚礼》（1939 年）。

3. 《局外人》（1942 年）。

4. 《西西弗的神话》（1942 年）。

5. 《卡利古拉》《误会》（1944 年）。

6. 《鼠疫》（1947 年）。

7. 《戒严》（1948 年）。

8. 《正义者》（1950 年）。

9. 《时文集》Ⅰ（1950 年）。

10. 《反抗者》（1951 年）。

11. 《时文集》Ⅱ（1953 年）。

12. 《夏天》（1954 年）。

13. 《堕落》（1956 年）。

14. 《流亡和王国》（1957 年）。

15. 《时文集》Ⅲ（1958 年）。

16. 《记事》（1962 年）。

17. 《第一个人》（1995 年）。